Study on Unrecognised Schools in India

インドの無認可学校研究

'Shadow Institution' Supporting Public Education

公教育を支える「影の制度」

Ohara Yuki
小原優貴

東信堂

はしがき

　急速な経済発展を遂げるインドでは、教育こそが社会的上昇のカギになるとみなされ、富裕層や中間層のみならず貧困層の間でも教育熱が過熱している。世界最大規模となるインドの初等教育就学人口は約2億人にものぼり、その多くは、無償化が進む公立学校で教育を受けている。しかしこれらの公立学校の多くは、政府の不適切な統制や資源不足のため機能不全状態にあり、「学習喪失世代」を生み出してきた。

　こうした中、インドではより質の高い教育を求める貧困層が出現し、彼らの教育ニーズに応えるため、既存の私立学校とは異なる形態の教育を施す低額私立学校(Low-fee Private Schools、以下、LFP学校)が拡大している。貧困層を対象とするLFP学校は、富裕層や中間層の子弟を対象とする私立学校とは異なり、政府の定める学校認可条件を満たせるだけの資本を有しておらず、多くは公教育制度の枠外で無認可学校(unrecognised schools)として存続・発展してきた。

　無認可学校は政府から認可も補助も受けない非正規学校であるが、正規学校関係者、私立学校協会、政治家などを含む公教育制度内外の多様な行為主体に支えられながら、公立学校に代わって貧困層の教育ニーズに応えてきた。本書は、無認可学校とそこに関わる各行為主体、そしてこれらの行為主体が無認可学校の存続・発展のために用いる非公式の規則や手順(影の規則的枠組み)の総体を「影の制度」と捉え、インドの教育における「影の制度」の役割を解明するものである。本書でも論じるように、「影の制度」は公教育制度の問題を反映すると同時に、その中に矛盾を形成してきた。そして公教育制度にならびインドの教育制度を構成する制度として、矛盾を抱えながらも公教

育を支えてきた。

　しかし、2010年に「無償義務教育に関する子どもの権利法(2009)」(The Right of Children to Free and Compulsory Education Act (2009))が施行され、無認可学校は政府の定める認可学校の条件を満たさなければ閉鎖されることとなった。本書では、公教育制度を支えてきた「影の制度」が教育制度の正規化を目指す連邦政府の統制方針のもと、どのような影響を受けることになるのかその展望についても検討する。

　無認可学校は、パキスタン、ケニア、ナイジェリアなどの南アジアやアフリカ諸国で確認されている。また規模こそ小さいものの、わが国にも無認可学校は存在している。無認可学校は、教育の普遍化や制度化が遅れている途上国・新興国にしかみられない学校ではない。本書がインドの教育に関心を持つ読者のみならず、途上国・新興国の教育や非正規教育に関心をもつ読者にとっても参考になれば幸いである。

　なお本書は、平成25年度京都大学総長裁量経費（若手研究者出版助成制度）の助成を受けて刊行されるものである。

　2014年3月

小原優貴

1 無認可学校の校門

2 調査対象校D校における朝礼の様子

3 調査対象校D校における試験実施日の様子

4 調査対象校A校の教室の様子
　1人の教員が黒板を3分割して3学年に同時に課題を与え教育をおこなっていた

5　調査対象校G校の教室の様子
　経営者の自宅の駐車場を利用して授業がおこなわれていた

6　お弁当を持参する無認可学校の生徒（公立学校では給食が無償支給される）

7 授業終了後の様子―帰宅する生徒と迎えに来る保護者で道路がごった返す

8 制服に身を包み誇らしげにポーズする無認可学校の生徒たち

目　次／インドの無認可学校研究

はしがき………………………………………………………… i

口絵写真(1〜8)（iii〜vi）

写真・図表一覧(xi)

序章　研究の目的と課題 …………………………………… 3

1. 研究の背景 ………………………………………………… 3
2. インドの教育における「影の制度」 …………………… 6
   - (1) 無認可学校の定義(6)
   - (2) 無認可学校の類型(9)
   - (3) 「公式の規則枠組み」と「影の規則枠組み」(11)
   - (4) 私立学校と「影の制度」(16)
3. 本書で使用する用語の定義 ……………………………… 19
   - (1) デリーのLFP学校の定義(19)
   - (2) 貧困層の定義(20)
4. 研究課題と研究枠組み …………………………………… 21
5. 調査の方法 ………………………………………………… 24
6. 本書の構成 ………………………………………………… 27
7. インドの教育制度の概要 ………………………………… 29

［注］(33)

第1章　教育の普遍化政策と公教育制度の構造 ………… 41

1. インドにおける教育の普遍化政策の歴史的変遷 ……… 42
   - (1) イギリス植民地時代の義務教育法による就学促進(42)
   - (2) 独立後インド憲法と各州の無償義務教育法による就学促進(43)
   - (3) インセンティブ政策による就学促進(44)
   - (4) 就学促進政策がもたらした質の問題(45)
   - (5) 連邦政府による無償義務教育関連法の制定(47)
2. インドの公教育制度の構造 ……………………………… 49

(1)教育段階ごとの学校数・就学者数・教員数(49)
　　(2)無償教育とインセンティブ政策の実施状況(52)
　　(3)運営主体・提供教育段階の異なる各学校の構成比率と
　　　その推移(55)
　3. デリーにおける教育の普遍化政策と公教育制度の構造 …… 60
　　(1)デリーにおける無償義務教育関連法(60)
　　(2)デリーの教育行政機関とその管轄下の学校(62)
　　(3)教育の無償化政策とインセンティブ政策の実施状況(62)
　　(4)運営主体・提供教育段階の異なるデリーの各学校の
　　　構成比率(64)
　　(5)階層化・序列化する学校(68)
　4. まとめ ………………………………………………………… 72
　[注]（73）

第2章 デリーの無認可学校の法的正当性 …………………… 81

　1. デリー高等裁判所における無認可学校の統制をめぐる議論… 82
　　(1)無認可学校反対派の見解(82)
　　(2)デリー教育局の見解とデリー高等裁判所の判決結果(83)
　2. デリー私立学校協会による特別許可訴状の提出 …………… 85
　3. 最高裁による無認可学校の法的正当性の承認……………… 88
　4. 最高裁判決後の政府の対応 ………………………………… 89
　5. まとめ ………………………………………………………… 90
　[注]（92）

第3章 無認可学校の組織的構造 ……………………………… 95

　1. デリーの無認可学校の調査方法と「影の規則枠組み」……… 96
　　(1)デリーの無認可学校の調査方法(96)
　　(2)「影の規則枠組み」と無認可学校(98)
　2. 調査対象校の概要と経営者の動機 ………………………… 99
　　(1)調査対象校9校の概要(99)
　　(2)経営者の動機など(101)

3. 教育費・入学手続き・財源確保 …………………………… 104
  4. カリキュラム・教授言語・評価方法 ……………………… 106
  5. 教員の出自と動機 ………………………………………… 109
    (1) 教員の属性・経歴・待遇など (109)
    (2) 教員の動機 (112)
  6. 正規の学校との接点—進学・編入学と認可取得の手続き ………… 115
    (1) 無認可学校から認可学校への進学・編入学 (115)
    (2) 認可取得 (118)
  7. まとめ ……………………………………………………… 119
  [注] (122)

第4章 保護者の学校選択と「影の制度」 …………… 131

  1. 調査方法と調査対象の概要 ……………………………… 132
    (1) 調査方法 (132)
    (2) 調査対象校3校の概要と保護者の基本属性など (134)
  2. 保護者の教育に対する見解と学校選択 ………………… 138
    (1) 保護者の教育に対する見解 (138)
    (2) 学校選択の情報源と要因 (139)
  3. 公教育制度と「影の制度」に対する保護者の見解 ……… 144
    (1) 英語教育について (144)
    (2) 教員の質について (145)
    (3) 公立学校と私立学校について (146)
    (4) 認可と進学について (147)
    (5) 無認可学校に対する批判的な見解 (149)
  4. 無認可学校の存続・発展における保護者の役割 ………… 150
  5. まとめ ……………………………………………………… 151
  [注] (153)

第5章 教育制度の正規化と「影の制度」 …………… 159

  1. RTE法と無認可学校の法的正当性の喪失 ……………… 160

2. 無認可学校の統制方針とその評価 ················· 163
　(1) 厳格な認可基準にもとづく統制(163)
　(2) 無認可学校の経済状況に配慮した統制(164)
　(3) 教育評価システムを用いた民間セクター内の自己統制(166)
　(4) 生徒の学習成果にもとづく学校認可(167)
3. 教育制度の正規化と子どもの権利保障の課題 ············· 168
4. まとめ ································· 170
［注］(172)

終章　「影の制度」の役割・課題・展望 ················· 175

1. インドの公教育制度と「影の制度」 ················· 176
　(1) 教育の普遍化政策と公教育制度の構造(176)
　(2) デリーの無認可学校の法的正当性(178)
　(3) デリーの無認可学校と「影の規則枠組み」(179)
　(4) デリーの無認可学校に対する認可学校の関与(181)
　(5) デリーの無認可学校に対する多様な行為主体の
　　　見解と関与(182)
2. 「影の制度」の役割と課題 ····················· 184
3. インドの教育における「影の制度」の展望 ············· 186
4. 教育における「影の制度」研究の展望 ··············· 187
［注］(190)

引用文献 ····································· 193
あとがき ····································· 201
索引
　事項索引 ·································· 208
　人名索引 ·································· 212
原語表記一覧 ··································· 213

写真・図表一覧

＜口絵写真＞

写真1　　無認可学校の校門
写真2　　調査対象校D校における朝礼の様子
写真3　　調査対象校D校における試験実施日の様子
写真4　　調査対象校A校の教室の様子
　　　　　1人の教員が黒板を3分割して3学年に同時に課題を与え教育をおこなっていた
写真5　　調査対象校G校の教室の様子
　　　　　経営者の自宅の駐車場を利用して授業がおこなわれていた
写真6　　お弁当を持参する無認可学校の生徒（公立学校では給食が無償支給される）
写真7　　授業終了後の様子―帰宅する生徒と迎えに来る保護者で道路がごった返す
写真8　　制服に身を包み誇らしげにポーズする無認可学校の生徒たち

＜章末写真＞

写真3-1　調査対象校E校の2階建て校舎
写真3-2　調査対象校B校の教科書
　　　　　教授言語として英語とヒンディー語を混合で用いていたが、教科書はすべてヒンディー語で書かれたものであった
写真3-3　放課後の補習授業の様子
写真3-4　無認可学校の女性教員たち
写真3-5　低所得地域に住む無認可学校の教員の自宅の様子
写真3-6　放課後に家庭教師をおこなう無認可学校の教員
写真3-7　無認可学校の文化行事に参加する生徒と保護者たち
写真3-8　地元の政治家を招いておこなわれる無認可学校の文化行事の様子

写真4-1　住宅地の壁に書かれた地元のパブリック・スクールの情報（手前）
写真4-2　学校情報の書かれた通学カート
写真4-3　調査対象校A校の校庭の様子
写真4-4　無認可学校に設置されたトイレ（男女別）
写真4-5　調査対象校A校周辺の道路の様子
写真4-6　調査対象校A校生徒の下校の様子
写真4-7　調査対象校A校に通う生徒の自宅周辺の様子
　　　　　右側に立っている少年がA校の生徒。その左に座っているのがチャイ屋を経営する父親。
写真4-8　調査対象校G校の経営者の自宅
　　　　　仕切りの後ろでG校の授業がおこなわれている（写真5参照）
写真4-9　調査対象校G校生徒の居住地域の様子
写真4-10　調査対象校G校周辺の認可私立学校

〈章扉写真〉

1章　　　万人のための教育・万人のための成長を目指すインド政府のサルヴァ・シクシャ・アビヤーン政策のロゴ
3章　　　無認可学校の教室風景
4章　　　無認可学校のある保護者
5章　　　無認可学校の子どもたち
終章　　　認可取得した調査対象校

〈図表一覧〉

表序-1　　　「影の規則枠組み」の構成要素
表序-注1　　無認可学校の数の教育段階別推移
表序-注2　　非宗教系無認可学校と宗教系無認可学校の教育段階ごとの数と比率
表1-1　　　学校種別ごとの無償教育受益者の比率
表1-2　　　学校種別ごとの各種インセンティブの受益者比率
表1-3　　　インドの初等教育提供学校総数に占める各種学校比率―提供教育段階・運営主体別
表1-4　　　デリーの学校におけるインセンティブ政策の運営主体別実施状況
表1-5　　　デリーの学校における教科書と制服の無償支給対象の拡大
表1-6　　　デリーの初等教育提供学校の数と比率―運営主体別
表1-7　　　デリーの初等教育提供学校の数と比率―提供教育段階・運営主体別
表1-8　　　2006年時点での後期中等教育段階の中央中等教育委員会試験の合格者比率
表3-1　　　調査対象校9校の基本情報
表3-2　　　教育費・教授言語・教科書
表3-3　　　教員の属性・経歴・待遇など
表4-1　　　調査対象校3校の概要
表4-2　　　保護者の基本属性と家庭教師の雇用状況
表4-3　　　保護者が調査対象校を選んだ理由

図序-1　　　無認可学校の類型（概略図）
図序-2　　　影の規則枠組み―提携の手続き
図序-3　　　影の規則枠組み―認可のための規範と実践
図序-4　　　私立学校の種別と「影の制度」
図序-5　　　インドの教育体系の概略図
図1-1　　　学校数の推移
図1-2　　　就学者数の推移
図1-3　　　教員数の推移
図1-4　　　各教育段階の全学校数に占める運営主体別学校数の比率の推移
図1-5　　　初等教育を提供する学校の提供教育段階別比率
図2-1　　　無認可学校の統制をめぐるソーシャル・ジュリストと協会の見解の相違

インドの無認可学校研究
――公教育を支える「影の制度」――

序　章
研究の目的と課題

1. 研究の背景

　インドの教育制度に詳しいクマール (Kumar) は、「近代インドの教育史はすべてふたつの次元で解釈することができる…（中略）…すなわち我々は『ステートメント』としてひとつのナラティブをもち、『実態』もしくは教育経験としてもうひとつのナラティブをもつ」と述べる[1]。またシャルマとラマチャンドラン (Sharma and Ramachandran) は、インドの「初等教育に関する問題の大部分は行為が明言されたいかなる公式の政策からも乖離しているという事実にあり、『政策の形成』によって解決するわけではない」と述べる[2]。インドにおける教育の普遍化は、まさにこうした「公式のステートメント」と「実態」との乖離を特徴としてきた。

　1990年代以降本格化した教育の普遍化に向けた諸施策は、学校不足や経済的理由などで教育へのアクセスが困難であった学習第1世代の就学を可能にした。経済成長もあいまって、教育の重要性が貧困層の間でも認識されるようになり、就学率や出席率は増加した。しかし、急速な就学人口の拡大は、これらの生徒の就学先となった公立学校に混乱を招いた。公立学校では教員の養成が追いつかず、十分な訓練を受けていない教員が採用されることもあれば、1人の教員が学校運営のすべてを切り盛りする1人教員学校や、複数の学年の子どもを同時に教える複式学級がみられるようになった。加え

て、公立学校では教員の欠勤や怠惰な勤務態度の問題が慢性的に発生していた。しかし、政府はこれらの学校の視察を適切におこなってこなかった。こうして、インドにおける教育の普遍化は、実態のともなわない教育を受けた「学習喪失世代」を生み出してきた。

このような中、一部の貧困層の間では、公立学校に代わる新たな選択肢として、低額私立学校(Low-fee Private Schools 以下、LFP学校)が拡大しつつある[3]。これらの学校は、インド各地で確認されており、貧困層が多く住む都市部の低所得地域や農村部に展開している。LFP学校の中には、富裕層や中間層の子どもを対象に英語で教育をおこなう私立学校、いわゆる「イングリッシュ・ミディアム・パブリック・スクール」を模倣し、英語を教授言語として導入しているものもある。公立学校が機能不全にある中、LFP学校は、より質の高い教育を低額で提供しているとして貧困層に支持されているのである。

留意すべきは、LFP学校の中に、政府から認可を受けない無認可学校が数多く含まれている点にある。LFP学校の多くは、政府が規定する学校の敷地面積や教員資格、教員給与などに関する認可条件を満たすことが難しく、無認可学校として存続している。そのため、政府からの資金援助を受けず、貧困層から徴収する低額の授業料収入をおもな財源としている。インド政府は無認可学校の存在を知りつつも、政府の認可を受けた学校ではないことを理由に、これらを統制対象とみなさず放任してきた。メロートラ(Mehrotra)が指摘するように、学校統制主体である各州の教育当局がこれらの学校の実態調査をおこなうことは稀であった[4]。こうして、無認可学校は公教育制度外の学校として存続してきたのである。

国立教育計画経営大学の構築した県教育情報システムでは、原則、認可学校(政府系学校あるいは政府が認可した私立学校)のみが調査対象とされてきた[5]。こうした中、人的資源開発省の下部組織である国立教育研究訓練協議会(National Council of Educational Research and Training、以下、NCERT[6])は、その全国学校教育調査において、無認可学校の数を長期にわたって調査してきた。NCERTの調査では、無認可学校が初中等教育段階で存在しており、その数はすべての教育段階で増加傾向にあること、またとりわけ初等教育段階に多

くみられることが明らかにされている。NCERTの報告書によると、2002年時点の無認可学校の数は、前期初等教育段階で約6万6,000校、後期初等教育段階で約2万6,000校存在している[7]。これらはそれぞれの教育段階の認可学校全体の約1割に相当する。無認可学校がとりわけ初等教育段階に多くみられるという事実は、これらの学校がインドの教育の普遍化にも寄与してきたことを示している。

　一方、最新の調査ではより広範に普及する無認可学校の実態が確認されている[8]。県教育情報システムで唯一無認可学校の調査がおこなわれたパンジャーブ州7県では、初等教育を提供する学校の24.7%（1万673校のうち2,640校）が無認可学校であったことが明らかにされている[9]。また、LFP学校研究の先駆者であるトゥーリーとディクソン（Tooley and Dixon）[10]がアンドラ・プラデーシュ州の州都である、ハイデラバードの都市スラムでおこなった学校調査では、調査対象地域の学校の36.5%（918校のうち335校）が[11]、さらに、ランガラジュ（Rangaraju）とトゥーリーとディクソンがインドの後進州として知られるビハール州の州都、パトナでおこなった学校調査では、対象地域の学校の実に約8割が無認可学校であったことが確認されている[12]。これらの比率は、無認可学校の存在が、公教育制度の枠外に位置づくという理由によって無視できるものではないこと、またインドの教育制度の実態は、公教育制度のみを分析するだけでは十分に理解できないことを示唆している。このことはまた、正規の学校のみを対象とする公式の教育統計はインドに展開するすべての学校の実態を網羅できていないことを意味している。

　しかし、2010年、インドでは無認可学校を否定する連邦法、<u>無償義務教育に関する子どもの権利法</u>(2009)（The Right of Children to Free and Compulsory Education Act (2009)、以下、**RTE法**）が施行され[13]、これらの学校は法の施行より3年以内に認可学校として昇格できなければ閉鎖されることとなった。このRTE法は、無償義務教育の撤底と学校の正規化を図ることで、子どもの教育権を保障することを目指すものであった。問題は、連邦政府が、無認可学校の発展の背景や実態を十分に調査することなしに、これらの学校の閉鎖を強いるRTE法を施行した点にあった。無認可学校は、政府の統制下にあ

る公立学校が機能不全にある中、政府から補助を受けずに貧困層に対する教育活動を自発的におこなってきた。これらの学校は貧困層の教育アクセスの実態や彼らの教育ニーズを把握する上で貴重な手がかりを提供する学校であると考えられる。RTE法の目的である子どもの権利保障を実現するためには、まずは無認可学校の実態を把握し、その発展の背景や役割を検証することが重要であるように思われる。

以上の点をふまえ、本書では、政府の統制や補助を受けることなく公教育制度の枠外で存続し、主要な公式の教育統計から排除されてきた無認可学校に着目する。ここでは無認可学校とそこに関わる多様な行為主体、そして無認可学校の組織的構造や制度的メカニズムを成立させる「影の規則枠組み」を、インドの教育における「影の制度」の構成要素と捉え、その役割を検討する。以下では、まず「影の制度」を構成する無認可学校と「影の規則枠組み」について説明する。その上で、インドの私立学校と「影の制度」の関係性を説明する。

2. インドの教育における「影の制度」

(1) 無認可学校の定義

メロートラは、無認可学校は雑多な学校の集まりであり、これらの学校には多くの就学前学校と、コーチング・スクール、そして宗教的教示をおこなう組織が含まれると説明する[14]。インドでは初等教育の普遍化が国家的課題とされ、その法的整備が進められてきたが、就学前教育に関しては近年になってようやく関連法規の制定が検討されはじめたばかりである。そのため就学前教育を提供する教育機関の多くは、これらを統制する法規が不在の中、教育当局の統制の枠外で展開してきた。またコーチング・スクールとは、大学試験や中等教育段階で実施される共通試験の準備教育をおこなう放課後の学習塾や予備校などの私塾を意味する[15]。これらの機関は、正規の学校とは異なる目的や教育形態をもち、州の教育当局の統制を受けずに存続してきた。宗教的教示をおこなう組織の中には、たとえばインド土着のヒンドゥーの伝

統的学校であるサンスクリット・パートシャーラ[16]やマクタブ[17]（イスラーム小学校)、マドラサ（イスラーム神学校）などがある。これらの学校もまた、正規の学校とは異なる目的と教育形態をもち、多くが州の教育当局の統制の枠外で展開してきた。

　無認可学校の数を長期にわたり調査してきたNCERTは、無認可学校を「(政府あるいは政府に認定された組織などに）認可されていないが、認可学校と同じ形態で正規のクラスを運営している学校」と定義し、この中にはコーチング・スクールを含めないと説明している[18]。この「認可学校と同じ形態で正規のクラスを運営している学校」とはつまり、授業時間や授業日数、カリキュラムが認可学校とほぼ同じである学校を意味していると考えられる。

　NCERTはまた第7次全国学校教育調査の報告書のひとつである、「就学前教育とオルタナティブ・スクール」の中で、認可学校とは異なるタイプの学校に関する調査結果をまとめている。これらの学校の中には、メロートラが無認可学校の一種と説明するものが多く含まれている。具体的には、就学前教育機関、無認可学校、オルタナティブ・スクール、そしてオリエンタル・スクール（サンスクリット・パートシャーラ）、マクタブ、マドラサなどの宗教系学校が含まれている[19]。メロートラは、無認可学校の多くが就学前教育であると指摘しているが、全国学校教育調査で無認可学校とされている学校は初等教育を提供する学校に限られており、無認可学校に附属する就学前クラスについては、就学前教育の一形態として分類されている。このことから、全国学校教育調査では就学前教育を提供する機関と無認可学校とを明確に区別していることがわかる。

　オリエンタル・スクール、マクタブ、マドラサなどの宗教系学校に関しては、「一般教育に準拠するもの」と「一般教育に準拠していないもの」に分類されている。前者は、認可学校と同様のカリキュラムを用いている学校で、後者は、宗教的教示を中心に伝達する学校を意味していると考えられる。前者に関してはさらに、政府に認可されているものと認可されていないものに分類されている。一般教育に準拠していながらも政府の認可を受けていない宗教系学校は、NCERTの定義する無認可学校と同じ性質をもつといえるが、

「宗教系学校」として分類されており、無認可学校とは明確に区別されている。このことから、NCERTの意味する無認可学校とは、認可学校と同様のカリキュラムを導入している非宗教系の無認可学校であると考えられる。

　オルタナティブ・スクールとは、従来、NGOなどにより実施されてきたノンフォーマル教育を実施する学校のことである。ノンフォーマル教育では、社会的・経済的理由により就学の困難な子どもたちが教育を受けられるように、授業の時間や日数、カリキュラムが認可学校のそれよりも柔軟である。ノンフォーマル教育は非正規の教育である。しかし、政府は初等教育の普遍化を実現する上で重要な役割を果たすと考え、ノンフォーマル教育を公式の学校組織体系の中に正式に組み込んできた[20]。そしてノンフォーマル教育をおこなうNGOに対して補助金を支給してきた。無認可学校は、これらのNGO同様、非正規の教育をおこなう教育機関であるが、その形態や対象は政府の統制下にあるノンフォーマル教育とは異なる様相を呈している。無認可学校は、政府から認可や援助を受けていないにも関わらず、認可学校とほぼ同じ時間や日数、カリキュラムで教育をおこなっている。またその対象は、就学が困難な貧困層の子弟ではなく、無償の公立学校という選択肢があるにも関わらず、より質の高い教育を求めて有償の私立学校を選択する貧困層の子弟である。NCERTがオルタナティブ・スクールと無認可学校とを区別しているのには、こうした違いが考慮されているからであると考えられる。

　以上の分析から、NCERTでは、同じ非正規学校でありながら、就学前教育機関や宗教系学校、オルタナティブ学校やコーチング・スクールは、無認可学校とは明確に異なるタイプの学校として区別されていること、そして、非正規学校の中でも、認可学校と同様の教育をおこなっている非宗教系の初等学校を無認可学校として扱っていることがわかった。

　第2章以降で分析するデリー(インドの首都)の無認可学校の実態は、NCERTの定義する無認可学校とほぼ一致している。無認可学校は、広義には、政府が認可していない学校全般を意味するが、本研究の文脈に考慮し、ここでは「学校教育法規に準拠しない学校でありながら認可学校と同じ形態で正規のクラスを運営している非宗教系学校」を無認可学校の狭義の定義とする。な

お、本研究では無認可学校の存在が最も多く確認されている初等教育段階を中心に分析していくことをあらかじめ述べておく。筆者のデリーでの調査では、無認可学校はさらにいくつかのタイプに分類されることが明らかとなった。以下では、筆者の調査結果をふまえ、本研究で分析対象とする無認可学校の類型について説明する。

(2) 無認可学校の類型

図序-1は、本書で分析する無認可学校の類型を図示化したものである。無認可学校はすべての教育段階に存在することが確認されている。これらの中には、認可学校と同様、前期初等教育のみを提供する前期初等学校や、前期初等教育から後期初等教育までを提供する初等一貫校、初等教育から中等教育までを提供する初中等一貫校などがある。このように、無認可学校は提供する教育段階によって分類することができる。提供教育段階からは、生徒の経済的階層と授業料をある程度推察することができる。通常、私立学校が上級段階の教育を提供しようとすれば、下級段階よりも多くの運営コストがかかるため、その分より多くの授業料を徴収する必要がある。そのため、対象生徒の経済的階層が高い学校ほど、上級段階の教育を提供する余裕ができやすい。このことから、上級段階の教育を提供する無認可学校の多くは、生徒の経済的階層の高い無認可高額私立学校であり、逆に下級段階の教育のみを提供する無認可学校の多くは貧困層を対象とする無認可LFP学校である可能性が高い。

無認可学校の中には、提供する教育段階すべてが認可を取得していない「完全無認可学校」と、提供教育段階のうち下級段階は認可を取得しているが、上級段階は認可を取得していない「部分無認可学校」がある。この部分無認可学校の中には、たとえば、前期初等教育段階は認可されているが後期初等教育段階は認可されていない初等一貫校や、初等教育段階のみ認可された初中等一貫校などがある。これらの学校の多くは、下級段階の認可条件を満たし、上級段階の認可条件を満たす過程にある学校である。これらの学校が提供する教育段階のうち認可を取得した段階については、認可学校として正式

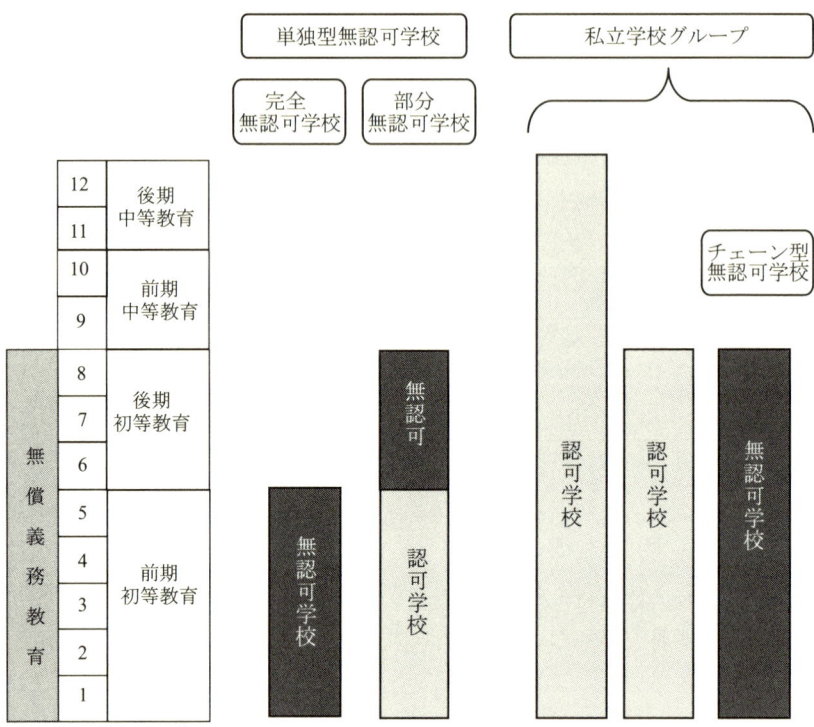

図序-1 無認可学校の類型（概略図）

出所　筆者作成

に登録される。そのため、公式の教育統計などで認可学校としてカウントされる私立学校の中には、実際には上級段階の教育を提供しているがそれが統計上あらわれない部分無認可学校も含まれている。部分無認可学校の存在は、インドの私立学校が今まさに発展過程にあることを象徴すると同時に、正規の学校と無認可学校が密接に関わっていることを示唆している。

　無認可学校の中には、単独で運営される「単独型無認可学校」と、私立学校グループの傘下にある「チェーン型無認可学校」とがある。私立学校グループは複数の私立学校をチェーン展開しており、これらの中に無認可学校が含まれる場合がある。教育に対する需要の高まりを背景に、インドではこうした複数の学校を運営することで事業拡大を図ろうとする私立学校グループや

教育起業家が出現している。私立学校グループが運営する複数の私立学校の提供教育段階や授業料、対象者などは必ずしも統一されているわけではない。本研究で調査対象としたチェーン型無認可学校は、貧困層を対象に前期初等教育を提供する無認可LFP学校であったが、その運営母体である私立学校グループは、中間層を対象とする初中等一貫制の認可私立学校を同時経営していた。これらの学校は、同じ私立学校グループが運営する学校でありながら実態は大きく異なる。認可私立学校と無認可学校を同時経営する私立学校グループの存在もまた、正規の学校と無認可学校が相互関係にあることを示すものとなっている。こうしたグループ傘下の認可私立学校と無認可学校の関係性については、第2章以降、詳しく分析する。

続いて、以下では、本研究の中心的な分析対象である無認可学校とその発展を支える「影の規則枠組み」について説明する。これらはいずれも「影の制度」を構成する重要な要素である。

(3)「公式の規則枠組み」と「影の規則枠組み」

インドのウッタル・プラデーシュ州のLFP学校を分析したスリヴァスタヴァ（Srivastava）はLFP学校が組織的構造や制度的メカニズムをいかにして成立させているのかについて、「公式の規則枠組み」と「影の規則枠組み」という概念を用いて説明している[21]。公式の規則枠組みとは、政策や学校教育法規、命令、通達などで公式に明文化されていたり、法律や行政組織によって正式に認められている一連の規則や手続きを意味する。具体的な規則や手続きの内容としては、教員の採用や職務に関するものや、認可や試験の実施に関するものなどが含まれる。政府はこうした規則や手続きに従い、私立学校を統制し、私立学校もまたこれらを参考にして学校運営をおこなう。たとえばデリーに展開する学校であれば、デリー学校教育法規に規定された入学手続きや授業料、教員の採用条件などに関する情報を入手し、公式の規則枠組みを成立させようと試みる。

これに対して、影の規則枠組みとは、「体系化されているが非公式な一連の規則や手続き」であり、公式に記録されていたり、法律や行政組織によっ

て正式に認められたりしているわけではないが、一般に広く認められている枠組みであるとされる[22]。影の規則枠組みを構成する規則や手続きの内容は、公式の規則枠組みのそれと一致し、学校の認可や教員の採用、試験の実施などに関するものが含まれる。ただし、影の規則枠組みは公的規制枠組みを操作したり、模倣するものであり、実質的な機能は大きく異なる。

影の規則枠組みは、「共通の内部規則」と「外部規則」に分類される（**表序-1**）[23]。共通の内部規則の中には、教育費やその徴収の仕組み、入学手続き、内部運営の構造と過程、教員の採用条件などに関する規則が含まれる。たとえば、公式の規則枠組みに準拠する認可学校では、経済的弱者を対象に何かしらの教育費の支払いを免除する制度が設けられており、LFP学校はこれを模倣するように、授業料を一部免除する制度を設けている（表序-1 教育費の実際とその徴収の仕組み）。また認可学校では入学手続きの期間が1年の間で一定の時期に決まっており、その時期を逃すと、翌年の申請時期まで待たなくてはならず、入学が1年遅れてしまう[24]。さらに進学や編入学の際にはそれまでの教育経験を証明する公式文書の提出が義務づけられている。しかしLFP学校では、年中生徒を受け入れており、公式文書の提出も義務づけられていない（表序-1　入学手続き）。スリヴァスタヴァは、こうした非公式の規則や手続きによってLFP学校は、より多くの生徒を受け入れることに成功していると指摘する。また公式の規則枠組みでは私立学校の経営者と校長は親戚関係にあってはならないことが定められているが、LFP学校の経営者と校長はしばしば親戚関係であるか同一人物であり、LFP学校はこうした経営者

表序-1　「影の規則枠組み」の構成要素

内部規則	外部規則
●教育費の実際とその徴収の仕組み	●（認可私立学校との）提携の手続き
●入学手続き	●認可されていない中等教育段階で公教育を提供するための手続き
●内部運営の構造と過程	●中等教育委員会の試験の提供
●従業員の雇用とその条件	●認可のための規範と実践

出所　Srivastava (2008) p.465を参考に筆者作成

をトップとする階層的構造を有している(表序-1内部運営の構造と過程)。さらに、公式の規則のもとでは正式な教員訓練を受けた者が教員として雇用されるが、LFP学校ではこうした訓練を受けたことがない教員が採用されている(表序-1授業員の雇用とその条件)。

　以上のように、内部規則とは、LFP学校がその内部構造を形成するために、公式の規則枠組みを自らの置かれた状況に適応するように操作したり模倣したりして用いる一連の非公式な規則や手続きを意味する。

　共通する内部規則は、政府から認可を得た認可LFP学校と認可を得ていない無認可LFP学校の両方が用いる規則であるのに対して、外部規則は、無認可LFP学校が用いる規則である。スリヴァスタヴァによると、外部規則とは、無認可LFP学校が認可や試験など学校の成果に関わる公式の規則枠組みを学校の負担(取引コスト)を軽減しつつ成立させるための規則や手続きであるという。これらの中には、(認可私立学校との)提携の手続き、認可されていない中等教育段階で公教育を提供するための手続き、中等教育委員会の試験の提供、認可のための規範と実践が含まれる。以下ではこれらの規則や手続きについて順番に説明していく。

　通常、生徒が中等教育以降の教育を継続するためには自身の学習成果を証明する公式の修了証明書が必要となる。しかし、政府から認可を得ていない無認可学校は公式の修了証明書を発行する権限をもたない。インドでは何かしらの理由で認可学校に在籍せず公式の修了証明書をもたない子どもが受けられる公式の試験制度がある。中等教育段階で実施される共通試験では、公立学校や認可私立学校に在籍する生徒は、通常、「一般候補者」として受験するが、無認可学校の生徒は認可学校に在籍しない子どもを対象とする「個人候補者」枠を利用してこの試験を受験することができる。試験で一定水準を満たせば、無認可学校の生徒は認可学校に進学することができる。しかし、無認可学校の中には、こうした正規の手続きをふまず、認可私立学校と「提携」してこれらの学校の生徒名簿に自分たちの学校の生徒の名前を公式登録させることで(表序-1(認可私立学校との)提携の手続き)、生徒が一般候補者の枠を利用できるよう取り計らっている学校がある(表序-1中等教育委員会の試験の

提供)。個人候補者枠ではなく、非公式な手続きをふんで一般候補者として共通試験を受験させる理由は、後者の方が前者よりも低コストであるためとスリヴァスタヴァは説明する。こうした提携は無認可学校が認可私立学校に対して生徒一人当たりの登録料を支払うことで成立するという。これらの無認可学校の生徒は、実際には認可私立学校に通学するわけではないが、共通試験に合格した場合、生徒名簿に名前を登録した認可私立学校の卒業生として公式の修了証明書を取得し、正規の学校に進学することになる(**図序-2**)。

　スリヴァスタヴァはさらに初中等教育を提供するLFP学校のうち、中等教育段階の認可条件を満たすことが困難な学校は、初等教育段階に関しては正規の認可学校として登録するものの、中等教育段階に関してはコーチング・スクールとして登録していると述べる。つまり、これらの学校は、部分無認可学校として機能するという。ただし、このような部分無認可学校は、実際には中等教育段階においても、初等教育段階と同様に正規のカリキュラムに準拠した公教育を提供しているとスリヴァスタヴァは説明する(表序-1認可されていない中等教育段階で公教育を提供するための手続き)。コーチング・スクールの設置や運営に関する公式の規則枠組みは私立学校のそれよりも規定が少ない。そのため、認可学校としての条件を満たすことが困難な上記のような

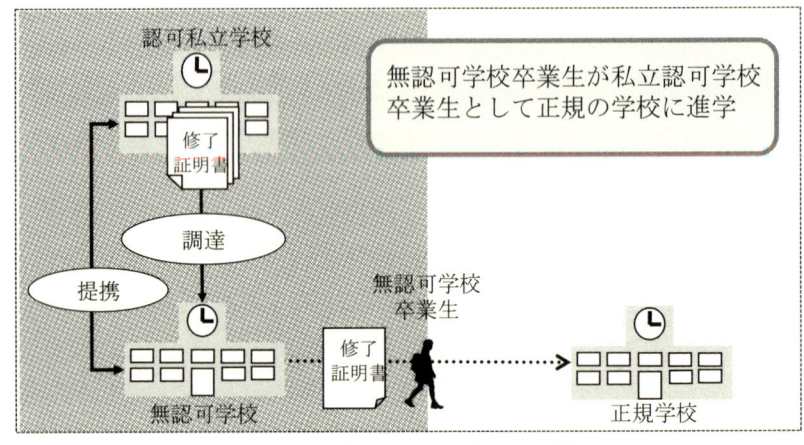

図序-2　影の規則枠組み―提携の手続き

出所　筆者作成

学校は、こうした異なる形態の教育に関する公式の規則枠組みに準拠することで、組織としての不確実性を軽減しようとしているのである。

スリヴァスタヴァはさらに、学校認可に関しても非公式の規則や手続きがあると説明する。通常、私立学校に対する認可手続きは、政府に認可申請をした学校を教育行政官が評価し、認可条件を満たしていることが認められれば認可が付与されるという手順で進められる。しかし、こうした条件を満たす見込みのない無認可LFP学校は、正式な認可手続きをふまずに、政治家とのコネクションを利用したり、教育行政官に賄賂を贈ったりして不正に認可を取得しているとスリヴァスタヴァは述べる（表序-1認可のための規範と実践）（**図序-3**）。

こうした不正認可の実態は、トゥーリーとディクソンのアンドラ・プラデーシュ州におけるLFP学校調査や、デ(De)らのデリーのスラム地区における私立学校調査においても確認されている[25]。またこれを裏付けるように、先行研究では、政府が私立学校を統制する際に両者の間でひいきやレント・シーキング（超過利潤の追求）が発生する可能性がきわめて高いことが指摘されている[26]。トゥーリーとディクソンは、こうしたLFP学校の不正認可の実態に鑑み、インドでは書面上の規則と実態との間に乖離があることを指摘して

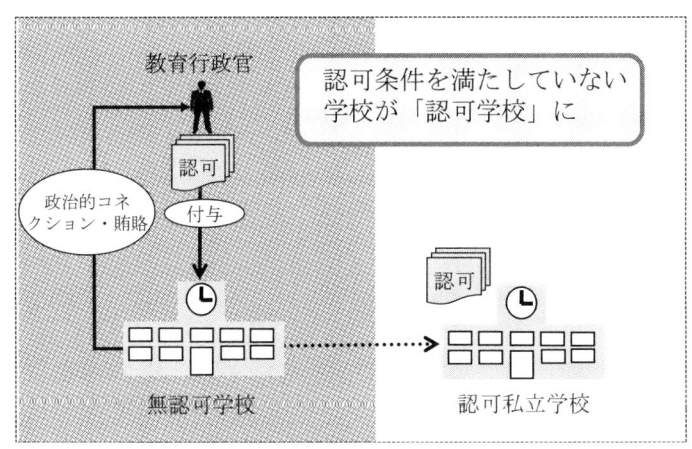

図序-3　影の規則枠組み―認可のための規範と実践

出所　筆者作成

いる[27]。

　以上のように、学校教育法規に定められた認可条件を満たすことが困難なLFP学校は、日々の運営の諸側面における不確実性を軽減させるため、一連の非公式な規則や手続き、すなわち影の規則枠組みを用いて公式の規則枠組みを操作し、LFP学校としての組織的構造や制度的メカニズムを成立させているのである。影の規則枠組みと、それを用いる無認可学校は、公式の政策や規則と実態とが乖離するインドの教育制度の特徴を象徴するものであるといえる。無認可学校および、影の規則枠組みはいずれも「影の制度」を構成する重要な要素であるが、こうした組織や規則を実際に動かしているのは、そこに関わる多様な行為主体である。本研究では、無認可学校とそこに関わる行為主体、およびこれらの行為主体が用いる影の規則枠組みの総称を「影の制度」と呼ぶこととする。

(4) 私立学校と「影の制度」

　続いて、本研究で分析する私立学校の種別について説明する。インドの私立学校は、認可の有無、政府からの補助の有無、合法性によって分類することができる(**図序-4**)。まず大きく分けて、これらの学校は認可学校と無認可学校に分類される。認可学校は文字通り政府から認可を受けた学校である。これらの中には、運営費の大部分が政府からの補助金によって賄われる被補助私立学校と、政府から補助を受けずに、生徒からの授業料収入や寄付などによって財源を自己調達する無補助私立学校とがある。被補助私立学校に関

公教育制度内			公教育制度外
認可あり			認可なし
補助あり	補助なし		補助なし
合法		非合法	合法→非合法
「被補助私立学校」	合法的に認可を得た無補助私立学校	非合法的に認可を得た無補助私立学校	← 無認可学校

図序-4　私立学校の種別と「影の制度」

出所　筆者作成

しては、教員に対する年金や退職金などの手当てが充実している[28]。これらの認可学校は原則、各州の教育当局の制定する学校教育法規にもとづき運営されている。ただし、それぞれに対する政府の対応は異なる。

　被補助私立学校では教育の公平性を担保するため、各州の教育当局が授業料の上限を設定している。州によって差がみられるが、本研究で調査対象とするデリーに関しては、教育の普遍化政策のもと教育の完全無償化が進められており、被補助私立学校は公立学校に近い性質をもつと理解されている。一方、無補助私立学校の授業料に関しては、上限を設定する場合と各学校の自由裁量とする場合がある。デリーは後者に相当する。

　ここまでは公教育制度内に位置づく認可私立学校について説明してきた。留意すべきは、インドにはこれらの認可私立学校とは別に、政府から認可を受けずに公教育制度外で教育をおこなう無認可学校があること、またこうした無認可学校の中には、認可条件を満たしていないにも関わらず、政府から非合法的に認可を取得（影の規則枠組みを利用）することで、認可無補助私立学校として機能するものがあるという点である。無認可学校と非合法的に認可を得た無補助私立学校は、実態としてはほぼ同じ形態の教育を提供しているが、一方は公教育制度の内の学校であるのに対してもう一方は公教育制度外の学校であり制度的位置づけが明確に異なる。なお、無認可学校の合法性については後の章で詳しく検討するが、デリーの無認可学校に関してはRTE法施行前までは法に抵触しない合法的存在であった。

　NCERTの調査では、認可された無補助私立学校と無認可学校の数について調査をしている。当然のことながら、合法的に認可を得た無補助私立学校と非合法的に認可を得た無補助私立学校を特定する方法はなく、両者はともに「認可された無補助私立学校」として集計されている。NCERTの調査では、これらの認可された無補助私立学校と無認可学校がいずれも、前期初等教育段階から後期中等教育段階にかけて全体的に増加傾向にあることが確認されている。これらの学校の数はともに前期初等教育段階で最も多いが、その内訳をみてみると、2002年時点では、認可無補助私立学校数が約5万校確認されているのに対して、無認可学校はこれを上回る約6万5,000校確認され

ている。NCERTの調査結果からは、無認可学校がインドで増加傾向にある私立学校の動向を理解する上で重要な位置づけにあることがわかる。ところで、「無補助私立学校」は、通常、認可された無補助私立学校に限って用いられる名称であるが、無認可学校は、この名称が意味する政府から補助を受けない私立学校であり、広義には無補助私立学校に分類されるといえる。つまり、合法的に認可を得た無補助私立学校、非合法的に認可を得た無補助私立学校、無認可学校は、いずれも「無補助私立学校」に分類される。

認可の有無や合法性に関わらず、無補助私立学校は、授業料によってLFP学校、中額私立学校、高額私立学校に分類することができる。このLFP学校という用語は、研究者が私立学校の実態調査をふまえて使用するようになった用語であり、政府が公式に定義したものではないという点は留意しておくべきであろう。インドの政府機関は授業料による私立学校の分類をおこなっておらず、公式の報告書で無補助私立学校に分類される学校のうちどの程度がLFP学校、中額私立学校、あるいは高額私立学校であるのかを区別することはできない。

以上でみてきた私立学校のうち、とくに注目したいのは無認可学校の中でも授業料の安いLFP学校である。富裕層や中間層の子弟を対象とする高額私立学校や中額私立学校は、合法的に認可を得て無補助私立学校として機能するだけの資本を有しており、一時的に無認可状態で運営されることはあってもゆくゆくは認可されると考えられる。これに対して、貧困層を対象とするLFP学校の多くは零細資本であり、認可条件を満たす可能性が低い。つまり、無認可学校として機能し続けている学校の多くはLFP学校であると考えられる。無認可学校の大多数を占める無認可LFP学校の実態解明は、インドの教育における「影の制度」を理解する上で多くの示唆を提供すると思われる。ただし、無認可学校の中には、「影の制度」のもうひとつの要素である「影の規則枠組み」を用いて非合法的に認可を得る無補助私立学校もある。したがって、本研究で分析する「影の制度」に関わりの深い学校は、無認可学校と非合法的に認可を得た無補助私立学校の2タイプの私立学校であることをあらかじめ述べておきたい。ただし筆者の調査では、被補

助私立学校や合法的に認可を得た無補助私立学校が「影の制度」の中心的存在である無認可学校の運営に関与している実態も確認された。これらの認可私立学校と「影の制度」との関係性については、本論で詳しく検討することにしたい。

以上をふまえ、私立学校に関する用語について改めて確認しておきたい。本研究で分析する無認可学校はおもにLFP学校であるため、とくに断りのない限り、無認可学校とは無認可LFP学校を意味することとする。またLFP学校のうち認可を取得した学校に関しては、「認可LFP学校」や「見せかけの私立学校」などの言葉を用いる。ただし、認可LFP学校と無認可LFP学校の両者を含むLFP学校全体について論じる際には「LFP学校」と記すこととする。さらに、政府から認可された私立学校について論じる際には「認可私立学校」という言葉を用い、補助の有無を区別して認可私立学校について論じる際には、正式名称である「被補助私立学校」と「無補助私立学校」を用いる。ただし、政府の補助を受けていない学校の総称として無補助私立学校という用語を用いる際（無認可学校を含む公教育制度内外の無補助私立学校について論じる際）には、この点がわかるように説明する。本論に入る前に、以下では本書で分析するデリーのLFP学校と貧困層の定義をあらかじめ明確にしておく。

3. 本書で使用する用語の定義

(1) デリーのLFP学校の定義

授業料にもとづき私立学校を分類する際に1点留意しなくてはならないのは、私立学校の授業料の相場が各地域の経済状況よって異なるという点である。たとえばデリーであればRs.300〜Rs.500[29]（約600円〜1,000円、Rs.1=約2円）の授業料を徴収する学校はLFP学校に分類されるが、この授業料はウッタル・プラデーシュ州では高額私立学校の授業料に相当する[30]。筆者は、デリーのLFP学校を定義するにあたり、教育に関する調査研究やアドボカシー活動を展開するNGOである市民社会センター[31]と、デリーの認可私立学校と無認可学校で構成されるデリー私立学校協会に聞き取り調査をおこなった。

その結果、市民社会センターからは、1ヶ月の授業料が約Rs.300～Rs.800（約600円～1,600円）の学校がLFP学校に匹敵するという回答が得られた。また協会は、授業料がRs.800（約1,600円）以下の私立学校がLFP学校に該当すると述べた。筆者の調査した無認可学校の授業料もこの範囲内におさまるものであった。したがって、本研究では授業料がRs.800以下の学校をデリーのLFP学校とする。

(2) 貧困層の定義

LFP学校の定義同様、貧困層の定義も、各地域の社会経済状況によって異なる。無認可学校に関する先行研究では、調査対象とする州の政府機関が発表する何らかの指標を参考に、貧困層の経済状況を説明している。北インドの後進州として知られるウッタル・プラデーシュ州の無認可学校を調査したスリヴァスタヴァは、課税最低限である年間所得Rs.5万（約10万円）、すなわち月間所得Rs.4,166（約8,332円）を基準に調査対象者の経済的階層を説明している[32]。またアンドラ・プラデーシュ州のスラム地区の無認可学校を調査したトゥーリーとディクソンは、インド政府が発表する同州の貧困層の平均所得Rs.1,200～Rs.2,310（約2,400円～4,620円）を参考にしている[33]。デリーにおいてはデリー連邦首都圏教育局（以下、デリー教育局）が年間所得Rs.10万（約20万円）以下、すなわち月間所得Rs.8,333（約1万6,666円）以下の者を「社会における経済的弱者層」として認定している[34]。本研究ではこの社会における経済的弱者層の定義をデリーの貧困層の定義として用いることとしたい。

以上のような所得にもとづく定義に加え、学校へのアクセス状況から貧困層を分類するという方法もある。おおまかには、就学が困難な未就学児童あるいはドロップアウトした児童、認可学校と比べてカリキュラムや授業の実施期間・時間が柔軟なノンフォーマル学校の就学者、無償の公立学校の就学者、LFP学校の就学者[35]、高額私立学校の就学者に分けることができよう（RTE法施行後は高額私立学校の入学枠の25％を貧困層のための特別入学枠とする措置が取られるようになった）。本研究で分析するのはこの中でもとくにLFP学校就学者である。

以上、ここまではいくつかの重要な用語について説明してきた。続いて、研究課題と研究の枠組みについて説明する。

4. 研究課題と研究枠組み

本研究の目的は、無認可学校とそれを支える影の規則枠組みおよびこれに関わる行為主体の分析を通じて、インドにおける「影の制度」の役割を検討することにある。本研究では、この目的を果たすため、以下の5つの課題を設定する。

まず第1の課題は、インドにおける教育の普遍化政策の歴史的変遷と公教育制度の構造的特徴を解明することにある。無認可学校は政府の統制を受けていないとはいえ、公教育制度と無関係な存在ではない。無認可学校は公立学校の機能不全を背景に出現しており、中には認可される学校もある。また無認可学校の生徒の多くは認可学校への進学を実現している。このように、無認可学校は公教育制度外に位置づく学校でありながら、公教育制度と密接に関わっている。インドの貧困層の間で浸透してきた無認可学校の発展メカニズムと役割を理解するためにも、教育の普遍化政策の歴史的変遷と公教育制度の特徴を理解することは重要であるといえる。

第2～第5の課題は、「影の制度」そのものに関わる課題である。本研究では「影の制度」の中心的存在である無認可学校を分析する上で、これらの学校を「法的正当性 (*legal or de-jure legitimacy*)」と「実態としての正当性 (*practical legitimacy*)」という観点から検討する。

第2の課題は、無認可学校の法的正当性を検討することにある。法的正当性とはつまり、関連法規においてその存在が公式に認められているかどうかということである。LFP学校の先行研究は、各州の学校教育法規などに定められる認可基準については触れているが、これらの関連法規において無認可学校がいかに位置づけられてきたのかについては詳しく言及していない。また2010年4月には、無認可学校の存在を否定する連邦法、RTE法が施行され、この実施のために各州が新たに規則を制定したが、これらの法規が既存

の法規や無認可学校に与える影響を詳細に分析した研究は管見の限り見当たらない。さらに本研究で調査対象地としたデリーでは、RTE法に先駆け、これまで公的な場で議論されることがなかった無認可学校の法的正当性を検討する裁判が高等裁判所において展開されていた。しかしこの点について触れた論考は見当たらない。そこで本研究では、デリー学校教育法規、RTE法およびその施行を受けて制定されたデリー無償義務教育に関する子どもの権利規則を分析し、デリーの無認可学校の法的正当性について検討する。

第2の課題は法的正当性に関連していたのに対し、第3〜第5の課題は実態としての正当性に関連する。プフェッファーとサランシック (Pfeffer and Salancik) は、「(正当性) は法…と完全に一致しない。…行為あるいは組織は法において明確に規定されておらずとも、正当でありえる」として、法とは無関係に成立する組織の正当性について述べている[36]。第2の課題の結論を先取りすることになるが、デリーの無認可学校は、デリー学校教育法規のもとその存在が認められるという判決が下された。しかし、デリー学校教育法規には、無認可学校の定義や位置づけが明確に定められていたわけではなかった。また無認可学校の活動には、デリー学校教育法規に一致しないものもみられた。それにも関わらず、これらの学校は存続・発展してきた。つまり、無認可学校は、法とは無関係に成立する何らかの正当性を獲得して存続・発展してきたと考えられる。本研究ではこうした法とは無関係に成立する正当性を「実態としての正当性」と呼び、無認可学校がいかに実態としての正当性を獲得して存続・発展してきたのか検討する。

まず第3の課題は、デリーの無認可学校が実態としての正当性を獲得するため、どのような非公式の規則や手続き (影の規則枠組み) を用い、公式の規則枠組みを操作したり、成立させたりしているのか明らかにすることにある。ここでは、スリヴァスタヴァの説明する影の規則枠組みの概念を参考にする。ただし、調査を実施した地域や対象の違い、着眼点の違いもあり、筆者が分析したデリーの無認可学校では、スリヴァスタヴァのウッタル・プラデーシュ州のLFP学校の研究で明らかにされたものとは異なる非公式の規則や手続きが確認された。たとえば、スリヴァスタヴァの研究ではその調査対象

校が単独型無認可学校であったため、認可私立学校を同時に運営する私立学校グループ傘下の無認可学校で用いられる影の規則枠組みは分析対象外であった。また同じような規則や手続きであっても、それらが用いられる文脈が異なり、果たす役割が異なる場合もあった。本研究ではこうしたスリヴァスタヴァの調査対象やそれらの分析によって得られた結果の共通点と相違点に留意しつつ、影の規則枠組みが本研究で分析する無認可学校においてどのように用いられているのか検討する。

　第4の課題は、正規の学校である認可学校の関与が、無認可学校の実態としての正当性の獲得にどのような効果をもたらしているのかを明らかにすることにある。デリーでは、子どもの権利保障を主張するNGOが無認可学校の閉鎖を要求する裁判を提起したことを契機に、これらの学校の法的正当性を審議する裁判がおこなわれた。この際、無認可学校の法的正当性と社会的意義を主張したのは、無認可学校と認可私立学校によって構成されるデリー私立学校協会であった。またデリーでは認可私立学校と無認可学校を同時に運営する私立学校グループの実態も確認され、無認可学校と認可学校が相互関係にあることが示唆された。プフェッファーとサランシックは、自らの正当性を高めようとするため、組織は「正当化された組織」と連携することがあると説明している。認可学校は、政府に公式に認可されているという意味で、教育においては正当化された組織であるといえる。本研究ではこうした正当化された組織の関与が、組織として不確実な無認可学校が実態としての正当性を獲得する上でどのように役立っているのか検討する。

　第5の課題は、無認可学校に関わる各行為主体の無認可学校に対する見解や関与のあり方を明らかにすることにある。ディープハウスとサッチマン（Deephouse and Suchman）は、「（組織の）正当性は常に複数の観衆によって複数の活動に関して評価されているため、組織はより多くの観衆にとって、そしてより多くの活動において道理にかなったものになることで、より一層正当化される」[37]と説明している。つまり無認可学校は、それを取り巻く多様な行為主体の評価にもとづき正当性が判断されていると理解することができる。そこで本研究では、無認可学校内の行為主体である経営者、教員、保護者／

生徒に加え、政府、認可私立学校、NGOなどの関係者の無認可学校に対する見解と関与のあり方を分析し、無認可学校の実態としての正当性を検討する[38]。続いて、次節では、本研究でおこなった無認可学校に関する実態調査の方法について説明する。

5. 調査の方法

インドの無認可学校の実態を調査するにあたり、各州政府の統制下にないこれらの学校を複数の地域で調査するのには相当の時間と労力を要すると考えられた。また無認可学校の役割や特徴を浮き彫りにするためには、無認可学校の展開地域の公教育制度の特徴を理解する必要があったが、後述するようにインドを構成する28の州と7つの連邦直轄地の公教育制度の実態は実に多様である。そのため、無認可学校の実態とそれらの展開地域の公教育制度の構造的特徴を分析するためには、ひとつの州に絞って調査するのが得策であると考えられた。そこで、本研究では、デリーを調査地として、無認可学校の調査をおこなった。デリーは連邦直轄地 (Union Territory, UT) のひとつであるが、首都として機能する連邦首都圏 (National Capital Territory, NCT) としても指定されている[39]。

デリーを調査地に選んだのには、以下の3つの理由があった。まず第1に、デリーでは2005年に子どもの権利保障問題に取り組むNGO、ソーシャル・ジュリスト (Social Jurist) によって認可条件を満たさない私立学校の閉鎖を求める訴訟が提起され、これまで公の場で議論されることのなかった政府の無認可学校に対する統制義務や無認可学校の法的正当性、そしてその社会的意義を検討する裁判が、高等裁判所で展開されていたことがあげられる。筆者は、この裁判の記録を手がかりに、無認可学校に反対するNGO、ソーシャル・ジュリストと、これらの学校を支持するデリー私立学校協会、またデリーの学校統制主体である教育当局の無認可学校に対する見解や関与のあり方を理解するとともに、無認可学校の法的正当性について検討することができた。また連邦政府の研究調査機関であるNCERTや全国標本調査機構のよ

うに各州の教育当局が無認可学校の調査をおこなうことは稀であったが、デリーでは高等裁判所が教育当局に無認可学校の調査をおこなうよう命じたため、無認可学校のリストが作成されていた。このリストには、無認可学校の数や展開地域、教育段階ごとの生徒数が示されており、筆者が調査対象を選定する際に役立った。

　第2に、デリーは、無認可学校が広く普及してきた地域であったことがあげられる。教育当局の調査によって確認された初等教育段階の無認可学校の数は、デリーの全学校の2割に相当した。またデリーではインドで拡大する認可無補助私立学校の比率がインドの中で最も高く、初等教育段階の認可無補助私立学校と無認可学校を足しあわせた無補助私立学校の合計数は、デリーの全学校の約5割におよぶ[40]。さらにデリーでは無認可学校と認可私立学校を同時に運営する私立学校グループもみられ、デリーの無認可学校の実態解明は、インドの教育の発展と拡大を象徴する私立学校の動向を捉える上でも有益な示唆を提供すると考えられた。

　第3に、デリーではソーシャル・ジュリストに加え、認可私立学校と無認可学校によって構成されるデリー私立学校協会などの第三者組織が、無認可学校の存続に関わる政策や活動に積極的に関わっていた。こうした第三者組織の存在はスリヴァスタヴァの研究にはみられず、デリーの無認可学校を分析対象にすることで、無認可学校に関する新たな知見を得られることが期待された。以上の3つの理由により、筆者はデリーを調査地とし、通算10ヶ月におよぶ断続的調査(第1次調査：2008年9月〜2009年2月、第2次調査：2009年11月〜2010年2月、第3次調査：2010年8月)を実施した。

　第1次調査では、まず、デリー高等裁判所に赴き、ソーシャル・ジュリストがデリー高等裁判所に提出した公共益に関する訴訟の議事録(2006年、第43号)と関連資料を入手し、この分析をおこなった。関連資料の中には、デリー高等裁判所の最終判決結果(2008年、2月8日)やデリー教育当局が作成した無認可学校のリストなどが含まれた。また、デリー私立学校協会が最高裁判所に提出した特別許可訴状(民事)(2008年、第21952号)や、デリー教育局などの政府機関がデリー高等裁判所に提出した宣誓供述書および行動報告書な

ども入手した。さらにデリーにおける公式の規則枠組みを理解するため、デリー学校教育法規、行政通達、RTE法などの関連資料を入手しこれらを分析した。

　前述のとおり、デリー教育当局が作成した無認可学校リストには、学校の数や展開地域、教育段階ごとの生徒数に関する情報が含まれていた。しかし、これらの情報は、無認可学校がいかに実態としての正当性を獲得しているのかを解明するには不十分なものであった。そこで筆者は、必要なデータを収集するため、デリー北区・北東区にあるシャードラに展開する9校の無認可学校を対象に調査をおこなった。シャードラを選んだ理由は、この地域がデリーの中でも低所得地域として知られ、貧困層が多く居住していること、またデリー教育当局が調査した無認可学校の約2割が当該地域に集中していたからである。9校の調査対象校のうち6校は、無認可学校リストの中からランダムに抽出し、1校1校訪問して調査協力を依頼した。調査の過程でリストに含まれない無認可学校が存在していることが明らかになった。そこで、調査対象校のうち3校は、筆者がこれまでの調査を通じて築いてきたネットワークを頼りに連絡を取り調査協力を得た。調査対象校では、経営者に対して聞き取り調査をおこない、提供教育段階や授業料、教授言語、教育設備や教員の雇用条件など、学校に関する基本情報を収集した。また、経営者、教員、保護者の基本属性とそれぞれの無認可学校に対する見解を明らかにするため、質問紙調査を実施した。第1次調査ではさらに、無認可学校に否定的なソーシャル・ジュリストとこれらの学校を擁護するデリー私立学校協会、そして協会のメンバーである無認可学校と認可私立学校の経営者にも聞き取り調査をおこない、無認可学校に対する見解や関与のあり方について確認した。

　第2次調査では、第1次調査で教員と保護者を対象に実施した質問紙調査の回答内容について詳しく確認するため聞き取り調査をおこなった。聞き取り調査をおこなった教員と保護者の選定方法については第3章・第4章で詳しく述べる。また第2次調査では、調査対象校の運営状況や第1次調査で聞き取り調査をおこなった各関係者の活動状況について追跡調査をおこなった。

さらに、デリー教育局とデリー都市自治体の行政官に聞き取り調査をおこない、最高裁判所の判決後の政府の無認可学校に対する見解や関与のあり方についても確認した。第3次調査では、RTE法施行後の無認可学校の運営状況や各関係者の活動状況について確認した。

2008年〜2010年は、RTE法の施行を控え、学校の正規化に向けた法制度整備が急速に進められた時期であった。そのため、無認可学校に対する政府の統制方針や無認可学校の法的位置づけには変化がみられた。また無認可学校自体も発展の過程にあり、調査対象校の中には、筆者の調査期間中に認可を取得し、公教育制度内で教育を提供しはじめるものもあった。こうした変化については、本文において適宜説明を加える。以上をふまえ、次節では、本書の構成について説明する。

6. 本書の構成

まず第1章では、第1の課題であるインドにおける教育の普遍化政策の歴史的変遷と公教育制度の構造的特徴について検討する。ここでは、まず教育の普遍化に向けて導入された無償義務教育関連法やインセンティブ政策を取り上げ、これらの政策の概要と問題点を説明する。そしてNCERTが作成する全国学校教育調査などの調査報告書を参考に、学校、就学者、教員の数と推移、運営主体や提供教育段階の異なる各学校の構成比率とその推移、そして、各学校における無償教育とインセンティブ政策の受給者比率を確認する。さらに、本研究で調査地としたデリーにおける教育の普遍化政策と公教育制度の構造を理解するため、デリーで導入された無償義務教育関連法とインセンティブ政策の概要と実施状況を確認し、その上で、デリーに展開する異なる種別の学校の数や構成比率、教育対象や生徒の学習到達度を分析する。公教育制度に関する分析は、公教育制度外に位置づく無認可学校の特徴を理解するためにも有益であると考える。

第2章〜第5章では、第2〜第5の課題である無認可学校の法的正当性と実態としての正当性に関する検討を通じて、インドの教育における「影の制

度」の実態に迫る。

　まず第2章では、デリー高等裁判所でおこなわれた公共益に関する訴訟の議事録と筆者が各関係者に対しておこなった聞き取り調査の結果を手がかりに、学校統制主体であるデリー教育局、子どもの権利問題に取り組むNGO、ソーシャル・ジュリスト（無認可学校反対派）、および無認可学校と認可私立学校によって構成されるデリー私立学校協会（無認可学校支持派）の無認可学校に対する見解について分析する。また、裁判を通じて、デリーの無認可学校の法的正当性がいかに議論され、これらの学校についてどのような統制方針が示されたのかについても明らかにする。さらに、無認可学校の法的正当性を主張した協会が、認可私立学校と無認可学校によって構成されていた点に着目し、両者の関係性を分析する。

　第3章・第4章では、無認可学校の実態としての正当性を検討するため、デリー・シャードラに展開する無認可学校9校の組織的構造と無認可学校に対する各行為主体の見解や関与のあり方を分析する。

　第3章では、スリヴァスタヴァの影の規則枠組みを参考にしつつ、筆者が調査したシャードラの無認可学校9校の組織的構造を分析し、これらの学校がその存続・発展のためにどのような非公式の規則や手続き（影の規則枠組み）を用いているのかを分析する。具体的には、授業料や教授言語、教育内容、教員の資格や給与などに加え、認可学校への進学・編入学のメカニズムや認可取得方法について分析する。ここではまた、どのような人物がどのような動機のもと無認可学校の経営や教育に関わっているのか明らかにするため、経営者と教員の属性に加え、それぞれの無認可学校に対する見解や関与のあり方を分析する。

　第4章では、無認可学校の保護者が、無認可学校にどのような価値を見出し、その存続・発展にどのように寄与しているのか、保護者に対しておこなった質問紙調査および聞き取り調査の結果をもとに明らかにする。ここではまず、保護者の学校選択要因とその際に参考にした情報媒体について確認する。そして、保護者の無認可学校に対する見解および関与のあり方について述べる。

第5章では、無認可学校に関わるRTE法の条文を分析し、連邦政府の無認可学校に対する統制方針を確認する。そしてRTE法とその施行を受けて制定されたデリー無償義務教育に関する子どもの権利規則を参考に、RTE法施行後のデリー政府の無認可学校に対する統制方針を明らかにし、RTE法の施行によって無認可学校がどのような変化を強いられることになったのか説明する。また、デリー政府の無認可学校に対する統制方針に加え、これとは異なる統制方針を提案するデリー私立学校協会、トゥーリーとディクソン、そしてグジャラート州の代替案を分析し、これらを学校の正規化の実現と子どもの教育権の保障という観点から評価する。ここでは、RTE法施行後、デリー教育局に認可条件の緩和を要求し、無認可学校の閉鎖を回避しようとはたらきかけたデリー私立学校協会の行為にも着目し、無認可学校と認可私立学校の関係性についても分析する。そして最後にインドの教育制度の正規化に向けた課題について論じる。

　終章では、5つの課題について明らかになったことを整理し、インドの教育制度における「影の制度」の役割と課題、展望を説明する。そして、その上で、本研究の課題と展望について述べる。

　ここまでは、論文の構成について説明してきた。本論に入る前に、以下ではインドの教育制度の概要を説明しておく。

7. インドの教育制度の概要

　インドは28の州と7つの連邦直轄地によって構成されている。インドの教育は、連邦政府と州政府の共同管轄事業とされているが、各州の教育を統治する実質的権限はおもに州政府に与えられてきた。また7つの連邦直轄地についてはインド連邦政府が直接統治しているが、必ずしも統一された教育制度が実施されているわけではない。本研究では各州・連邦直轄地の教育制度について詳しくは説明しないが、インドの教育制度の実態は各州・連邦直轄地によって異なるという点は留意しておくべきであろう。たとえば初中等教育段階の12年間に関しては、前期初等教育から前期中等教育までを10年、

後期中等教育を2年とする「10-2制」の教育段階区分が統一されているが[41]、最初の10年の構成のあり方は各州・連邦直轄地によって異なり、2009年-2010年時点では5-3-2制 (18州と4つの連邦直轄地)、4-3-3制 (8州と3つの連邦直轄地)、5-2-3制 (1州)、4-4-2制 (1州)[42] が採用されている。

また各教育行政組織が設置・運営する学校が特定の教育段階に占める比率も州によって異なる。たとえばデリーでは前期初等教育段階の学校の多くは都市自治体の運営する学校であるが、ビハール州の当該教育段階の学校のほとんどは州教育局の運営する州立学校である。こうした違いは各州の教育制度の構造を特徴づけるものとなっている。

カリキュラムに関しては、NCERTがナショナル・カリキュラムの枠組み[43]を策定しており、各州に設置された教育研究訓練州協議会がこれを参考に各州のカリキュラム編成をおこなっている。中等教育段階では、これらのカリキュラムにもとづき、共通試験が実施されている。インドでは試験を実施・運営する委員会も多様であり、連邦レベルでは1920年代に設置された中央中等教育委員会[44]が存在し、中央学校、州立学校、私立学校の生徒を対象に共通試験を実施している。また多くの州では中等教育州委員会が州立学校の生徒を中心に共通試験を実施している[45]。さらに、民営組織であるインド学校修了試験協議会[46]は、おもに私立学校の生徒を対象に共通試験を実施している。これらの試験は同じカリキュラムを参考にしているものの、試験そのものは個別に作成されており、用いる言語も異なっている。そのため、生徒の学習到達度を全国レベルで測定できる試験はなく、学習到達度の比較は同一試験を受験した者の間でのみ可能となっている。なお、初等教育段階ではこうした共通試験がなく、各学校で生徒の学習到達度を評価している。

インドの学校は、学校の設置・運営主体によって分類することができる。民間組織が設置・運営する私立学校の種別については既述したとおりであるが、政府系学校の中には、連邦政府が設置・運営する中央学校、州教育局が設置・運営する州立学校に加え、地方自治体が設置・運営する学校がある。この地方自治体の中には、大都市の都市自治体、小都市地域の市営委員会、

指定地区委員会、兵営委員会、農村地域の村議会委員会や県議会が含まれる。インドの政府系学校の大多数は、州教育局および地方自治体が設置・運営する公立学校である。これらについては、第1章で詳しくみていくため、以下では中央学校について簡単に説明する。

　中央学校の中には、ジャワハル・ナヴォダヤ学校とケンドゥリヤ学校とがある[47]。これらの中央学校の就学者数がインドの公立学校の就学者数に占める比率は1%に満たない。ジャワハル・ナヴォダヤ学校は教育を通じた社会的弱者集団の地位向上を目的として、第6学年から第12学年までの教育を提供している。インドの公立学校では、原則、入学試験の実施が禁止されているが、ジャワハル・ナヴォダヤ学校に関しては、農村地域の貧困層や被差別グループの子どもの中から優れた才能をもつ生徒を選抜するという目的のため、例外的に試験実施が認められてきた[48]。他方、ケンドゥリヤ学校は、連邦政府の公務員および軍職員の子どもを対象に、第1学年から第12学年までの教育をおこなっている。既述のとおり、連邦政府が設置・運営するこれらの学校では中央中等教育委員会のカリキュラムが用いられており、教育レベルは一般的に高い。州立学校や地方自治体の運営する公立学校では、おもに各州の指定する州公用語が用いられているが[49]、中央学校のカリキュラムや試験では、土着の言語であるヒンディー語と、準公用語として指定されている英語が用いられている。以上のことから、連邦政府は、特殊な状況にある子どもたちの教育機会を中央学校を通じて保障しようと努めていることがわかる。

　インドの学校は、学校が提供する教育段階によって分類することもできる。初等教育を提供する学校に限っていえば、前期初等教育のみを提供する「前期初等学校」、後期初等教育のみを提供する「後期初等学校」、初等教育を一貫して提供する「初等一貫校」、後期初等教育から後期中等教育までを一貫して提供する「後期初等〜中等一貫校」、そして初中等教育を一貫して提供する「初中等一貫校」などがある。教育提供段階の異なるこれらの学校の数や比率については次章で詳しくみていくことにしたい。

　図序-5は、インドの教育体系図である。インドでは歴史的に形成された

身分制度であるカースト制の外に位置づけられる「指定カースト」や、社会的・地理的に排斥されてきた先住民族を含む部族集団である「指定部族」[50]、女子、季節労働者の子ども、はたらく子どもなどの社会的弱者層の未就学やドロップアウトの実態が報告されている。こうした正規の学校に就学するこ

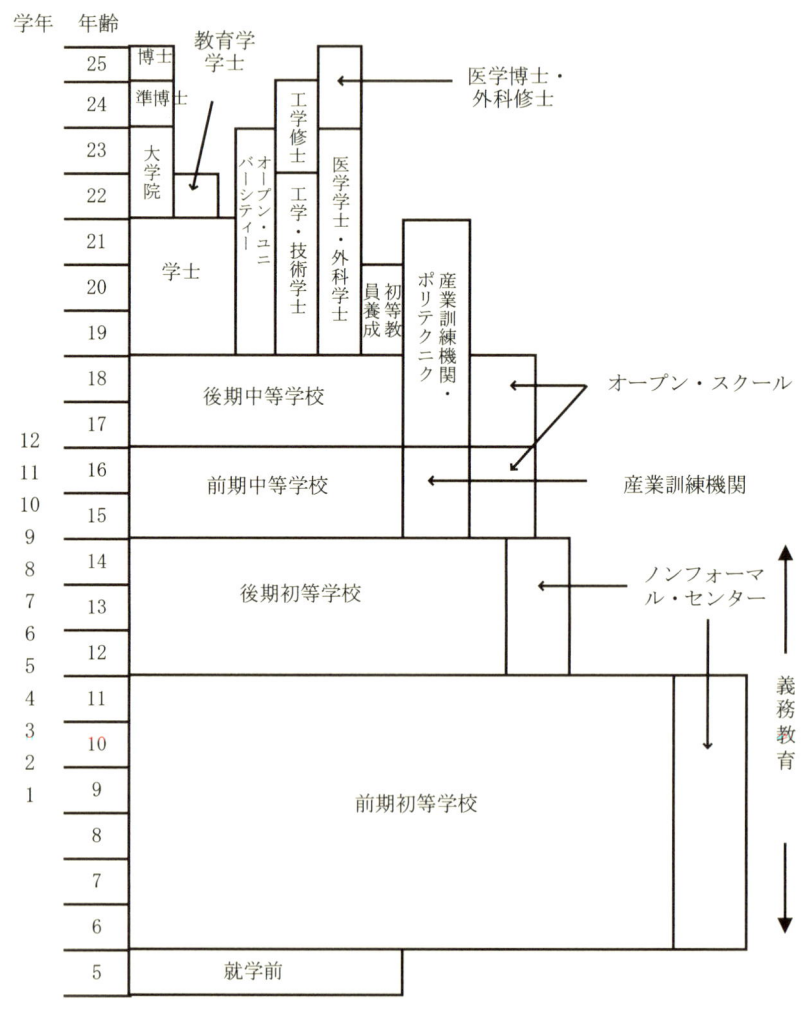

図序-5 インドの教育体系の概略図

出所 National Institute of Education Planning and Administration (NIEPA) (1988) より筆者作成

とが困難な子どもの教育ニーズに対応するため、初等教育段階では、正規の学校と比べてカリキュラムや授業の実施期間・時間が柔軟な基礎教育を提供するノンフォーマル・センターが設置されている。

政府が提示するノンフォーマル教育モデル[51]に準拠するプログラムを採用するNGOは、その修了者を公立学校に進学させることができ、正規の学校への接続も実現している。今日これらのプログラムは、教育保証政策と代替的革新的教育プログラムと改名されている[52]。また、ノンフォーマル教育同様、正規の学校に就学することが困難な子どもの教育機会を保障する目的で、中等教育段階ではオープン・スクールが、高等教育段階ではナショナル・オープン・ユニバーシティーが通信制の教育センターとして設置されている。

[注]
1 Kumar, N. (2000) *Lessons from Schools*. New Delhi: Sage, p.23.
2 Sharma, R. and Ramachandran, V. (eds) (2008) *The Elementary Education System in India: Exploring Institutional Structures, Processes and Dynamics*. New Delhi: Routledge, p. 166.
3 デ、ノロンハ、サムソン (De, A., Noronha, C. and Samson, M.) は、北インドに位置するハリヤナ州、ラジャスタン州、ウッタル・プラデーシュ州の3州において、貧困層の通う新たな私立学校の動向について調査している。これらの学校は、本研究の分析対象であるLFP学校に該当すると考えられる。3州のうちとくに、ラジャスタン州とウッタル・プラデーシュ州は、教育後進州として知られるが、これらの州の私立学校在籍者の比率は、全国の平均よりも高いことが明らかにされている。このように教育後進州で拡大する私立学校の中には、LFP学校が多く含まれると考えられる。De, A., Noronha, C. and Samson, M. (2005a) The New Private Schools, in R. Banerji and S. Surianarain (eds) *City Children, City Schools*. New Delhi: Pratham Resource Centre (in collaboration with UNESCO), p. 95.
4 Kingdonは、「独立後多くの私立学校が開校したことに疑いの余地はないが、それらの多くが無認可であり既存の教育統計の集計システムによってカバーされていない」と指摘している。Kingdon, G.G. (1996) Private Schooling in India: Size, Nature, and Equity-effects, *Economic and Political Weekly*, 31, no. 51, pp. 3306-3314.
5 最新のものとしては、以下の報告書が作成されている。
National University of Educational Planning and Administration, NUEPA (2011a) *Education in India under Government Managements 2009-10 (Selected Tables based on DISE Data*. New Delhi: NUEPA.http://www.dise.in/Downloads/Publications/

Publications%202009-10/Elementary%20Education%20under%20Government%20Managements%202009-10.pdf（最終アクセス日：2013年11月1日）

6　NCERTは学校教育と教員養成に関するリソース・センターである。教科書や教員用の指導要領を含む教材開発に加え、教員訓練や教育調査をおこなっている。

7　表序-注1は、NCERTの全国学校教育調査の結果をもとに、無認可学校の数を教育段階ごとに時系列で示したものである。なお、NCERTの第7次全国学校教育調査によると、認可学校は、前期初等教育段階で65万1,381校、後期初等教育段階では約24万5,274校存在している。

表序-注1　無認可学校の数の教育段階別推移

教育段階	前期初等			後期初等		
年次	第3次(1973)	第6次(1993)	第7次(2002)	第3次(1973)	第6次(1993)	第7次(2002)
合計	1,929	38,030	65,811	811	8,972	26,027
教育段階	前期中等			後期中等		
年次	第3次(1973)	第6次(1993)	第7次(2002)	第3次(1973)	第6次(1993)	第7次(2002)
合計	348	4,523	N/A	66	1,127	N/A

出所　NCERT(2003) pp.66-67, p. 331およびNCERT (2007a)より筆者作成

8　デリー高等裁判所の命令を受けてデリー政府が2008年に実施した調査では、初等教育段階で推計約1,200校の無認可学校が確認されている。しかし、第7次全国学校教育調査(2003)では、前期初等教育を提供する学校は101校、後期初等教育を提供する学校は14校しか確認されていない。5年間で無認可学校が1,100校近く新設されたとは考え難く、全国学校教育調査の信憑性については疑問が残る。また第6次全国学校教育調査(1996)では、前期初等教育段階で177校、後期初等教育段階では13校確認されている。無認可学校の発展状況に鑑みると、前期初等教育段階の無認可学校の数が第6次調査時から第7次調査時点で減少しているのは不自然である。この点からも全国学校教育調査はすべての無認可学校を網羅できていないと考えるのが妥当であると思われる。National Council of Educational Research and Training (NCERT) (2007a) *Seventh All India School Education Survey (AISES), Pre-primary Education and Alternative Schooling.* New Delhi: NCERT, p.16. NCERT (2003) Compendium of Educational Statistics (School Education). New Delhi: NCERT, p. 331.

9　Mehta, A.C. (2005) *Elementary Education in Unrecognised Schools in India.* New Delhi: NUEPA. http://www.dise.in/Downloads/Reports&Studies/UnRecPunjab05.pdf（最終アクセス日：2013年11月1日）

10　トゥーリーは、世界銀行のコンサルタントとしてインドの私立学校に関する調査をおこなっていた際、ハイデラバードのスラムでLFP学校を発見した。それ以来、インドに加え、ガーナ、ウガンダなどのアフリカ諸国も含めたLFP学校研究に取り組

んでいる。トゥーリーは一貫してLFP学校が初等教育の普遍化に寄与すると主張している。Tooley, J. and Dixon, P. (2003) *Private Schools for the Poor: A Case Study from India.* Reading: CfBT. https://www.cfbt.com/PDF/91001.pdf (最終アクセス日：2013年11月1日). Tooley, J. (2004) *Could the Globalisation for Education Benefit the Poor?* Occasional Paper 3. Berlin: Liberals Institute of the Friedrich Naumann Foundation. http://www.freiheit.org/files/152/OP3.pdf (最終アクセス日：2013年11月1日)

11 Tooley, J., Dixon, P. and Gomathi, S.V. (2007) Private Schools and the Millennium Development Goal of Universal Primary Education: A Census and Comparative Survey in Hyderabad, India, *Oxford Review of Education,* 33, no. 5, pp. 539-560.

12 Rangaraju, B., Tooley, J. and Dixon, P. (2012) *The Private School Revolution in Bihar, Findings from a Survey in Patna Urban.* New Delhi: India Institute.

13 Government of India (GoI)、Ministry of Human Resource Development (2010) *Model Rules under the Right of Children to Free and Compulsory Education Act, 2009.* National Information Centre, India. http://mhrd.gov.in/sites/upload_files/mhrd/files/RTI_Model_Rules.pdf (最終アクセス日：2013年11月1日)

14 Mehnotora, S., Panchamukhi, P.R., Srivastava, Ranjana and Srivastava, Ravi (eds) (2005) *Universalizing Elementary Education in India: Uncaging the 'Tiger' Economy.* New Delhi: Oxford University Press, p. 231.

15 初等教育段階では地域の大学生などが家庭教師をおこなうが、中等教育段階では、より組織的なコーチング・スクールが地域の教育センターとして機能している。コーチング・スクールでは、中等教育段階で実施される共通試験や、工学系・経営学系の高等教育機関の入学試験に向けた準備教育をおこなっている。おもに都市を中心に普及している。

16 中世から19世紀中頃までさまざまな形態で存在していたヒンドゥー教徒の学校が原型。ヒンドゥー寺院などで展開。Shahidullah, K. (1987) *Patshalas into Schools, The Development of Indigenous Elementary Education in Bengal 1854-1905.* Calcutta: Firma KLM Private Limited.

17 長老グル(師)の家で6歳から10歳の男女生徒を対象にアラビア語の読み書きやコーランの暗誦がおこなわれる。マドラサが組織化されたイスラーム学校であるのに対し、マクタブは個人塾のような位置づけにある。

18 NCERT (2007a) *op. cit.,* p.181.

19 表序-注2は、NCERTが「無認可学校」と定義するものを「非宗教系無認可学校」とし、また宗教系学校のうち認可されていない学校を「宗教系無認可学校」として、それぞれの学校数と無認可学校総数に占めるそれぞれの比率を教育段階ごとに示したものである。第7次全国学校教育調査では、インド各州における各学校の数(前期初等教育段階と後期初等教育段階)および就学者数・教員数(男女別)が調査されている。

表序-注2　非宗教系無認可学校と宗教系無認可学校の教育段階ごとの数と比率

学校種別	非宗教系無認可学校		宗教系無認可学校					
			オリエンタル・スクール		マクタブ		マドラサ	
教育段階	数	比率	数	比率	数	比率	数	比率
前期初等	65,811	97.6	73	0.1	431	0.6	1,123	1.7
後期初等	26,027	98.1	85	0.3	42	0.2	364	1.4
前期中等	N/A	N/A	62	N/A	8	N/A	79	N/A
後期中等	N/A	N/A	30	N/A	4	N/A	25	N/A

出所 NCERT (2007a)を参考に筆者作成。中等教育段階に関しては、非宗教系無認可学校の数に関するデータがなかったため、無認可学校全体に占める各種学校の比率はN/Aとした。比率の単位は％。

20　インドでは、教育の普遍化を実現するため、1960年代後以降、識字教育などの基礎教育や復学支援などをおこなうノンフォーマル教育が実施されてきた。

21　Srivastava, P. (2008b) The Shadow Institutional Framework: Towards a New Institutional Understanding of an Emerging Private School Sector in India, *Research Papers in Education,* 23, pp. 451-475.

22　*Ibid.,* p. 452.

23　*Ibid.,* p. 465.

24　Government of National Capital Territory (NCT) of Delhi, Department of Education (DoE) (1977) *The Delhi School Education Act, 1973 and the Delhi School Education Rules, 1973.* Delhi: Akalank, p.76. デリー学校教育法規、第137条を参照。

25　De, A., Noronha, C. and Samson, M. (2005a) *op. cit.,* pp. 103-104, p. 106.

26　Sharma, R. and Ramachandran, V. (eds) (2008) *The Elementary Education System in India: Exploring Institutional Structures,* Processes and Dynamics. New Delhi: Routledge. 民間セクターがインドで事業を開始する際、政府から許認可を得るためにおこなう手続きは煩雑であり時間を要する。レント・シーキングの問題もあいまって、インドは「許認可王国(Licence Raj)」とも呼ばれている。詳しくは以下を参照されたい。Harriss-White, B (2003) *India Working, Essays on Society and Economy.* Cambridge: Cambridge University Press. Lambsdorff, J.G. (2002) Corruption and Rent-seeking, *Public Choice,* 113, pp. 97-125.

27　Tooley, J. and Dixon, P. (2005a) An Inspector Calls: the Regulation of 'Budget' Private Schools in Hyderabad, Andhra Pradesh, India, *International Journal of Educational Development,* 25, pp. 269-285.

28　被補助私立学校の教員の年金や退職金は、従業員積立基金(Provident fund)制度によって保証されている。

29　Rs. は Rupees（ルピー）の略称である。
30　デ、ノロンハ、サムソンがウッタル・プラデーシュ州の「エリートを対象とする私立学校」として紹介した私立学校の授業料は月 Rs.350 〜 Rs.500 であった。De, A., Noronha, C. and Samson, M.（2005a）*op. cit.,* p. 109. またウッタル・プラデーシュ州を調査したスリヴァスタヴァは、2002 年 -2003 年時点に調査した LFP 学校の授業料は、前期初等教育段階では Rs.25 〜 Rs.130（農村では平均 Rs.40 で都市では平均 Rs.99）で、後期初等教育段階では Rs.30 〜 Rs.145（農村では平均 Rs.57 で都市では平均 Rs.106）であったことを明らかにしている。Srivasava, P.（2007）For Philanthropy or Profit? The Management and Operation of Low-fee Private Schools in India, in P. Srivasava and G. Walford（eds）*Private Schooling in Less Economically Developed Countries: Asian and African Perspectives.* Oxford: Symposium Books, p. 159. なお、トゥーリーとディクソンが 2004 年 -2005 年にデリーのスラム地区でおこなった調査では、前期初等教育段階の LFP 学校の 1 ヶ月の平均授業料は、認可 LFP 学校で Rs.227.60、無認可学校で Rs.124.45 であったことが明らかにされている。Tooley, J. and Dixon, P.（2005b）*Private Schools Serving the Poor. Working Paper: A Study from Delhi, India.* New Delhi: Centre for Civil Society, p.8. http://schoolchoice.in/research/viewpoint8.pdf（最終アクセス日：2013 年 11 月 1 日）トゥーリーとディクソンはまた 2003 年 -2005 年にハイデラバードのスラム地区の LFP 学校（初等教育の第 4 学年対象）を調査し、認可 LFP 学校の 1 ヶ月の平均授業料は Rs.102.55、無認可 LFP 学校は Rs.78.17 であったこと、さらにアンドラ・プラデーシュ州の中でも最も教育指標の低い地域の LFP 学校の平均授業料は、認可 LFP 学校が Rs.93.51、無認可 LFP 学校が Rs. 68.50 であったことを確認している。Tooley, J. and Dixon, P.（2006）'*De facto*' Privatisation of Education and the Poor: Implications of a Study from Sub-Saharan Africa and India, *Compare,* 36, no. 4, p. 447.
31　市民社会センターホームページ、http://ccs.in/ 市民社会センターは、教育に関する政治的アドボカシー、研究・調査活動、当事者支援活動をおこなう NGO である。市民社会センターの最近の活動内容としては、全国レベルの学校選択キャンペーンや、デリーの北東区における女子のためのバウチャープログラムなどがあげられる。
32　スリヴァスタヴァは、調査対象者のうち、年間所得が課税最低限以下であった者は 80％におよび、年間平均所得（はずれ値を除く）は農村で Rs. 2 万 6, 018（月収 Rs. 2,168）、都市で Rs. 4 万 1,768（月収 Rs. 3,480）であったことを明らかにしている。Srivastava, P.（2008a）School Choice in India: Disadvantaged Groups and Low-Fee Private Schools, in M. Forsey, S. Davies and G. Walford（eds）（2007）*The Globalisation of School Choice?* Oxford: Symposium Books, p. 189.
33　Tooley, J. and Dixon, P.（2006）*op. cit.,* p. 452. トゥーリーとディクソンは、労働日数を 24 日として 1 日の最低賃金を Rs.45 〜 Rs.96 と計算している。
34　Government of NCT of Delhi, DoE（2011）*Admission under EWS Quota Notification,* No. 15（172）/DE/Act/ 2010/ 69. http://edudel.nic.in/mis/misadmin/DoeNewPublicCircular.htm（最終アクセス日：2013 年 11 月 1 日）

35　調査対象校の中には経済的理由により後期初等教育段階から州立学校に編入学している者もみられた。このことを考慮すると、LFP学校の貧困層の子どもはさらに、「前期初等教育段階までLFP学校に在籍する者」と、「後期初等教育段階までLFP学校に在籍する者」とに分類することができよう。

36　Pfeffer, J. and Salancik, G.R.（1978）*The External Control of Organizations: A Resource Dependence Perspective.* New York: Harper and Row, p. 193.

37　サッチマンは正当性を「ある社会的に構築された規範や価値、信念、定義に関するシステムにおいて、主体の行為が望ましく、適切でふさわしいとみなす一般化された見解あるいは想定」と定義している Suchman, M.C.（1995）Managing Legitimacy: Strategic and Institutional Approaches, *Academy of Management Review,* 20, p. 574. ディープハウスとサッチマンはこの定義に「あるシステム」とあるように「そうした正当性を説明する根拠となりえるものは、本質的にいかなる特定の監視集団からも制限されるものではない」と述べている。Deephouse, D.L. and Suchman, M.（2008）Legitimacy in Organizational Institutionalism, in R. Greenwood, C. Oliver, K. Sahlin and R. Suddaby（eds）*The Sage Handbook of Organizational Institutionalism.* London: Sage, p. 55, p. 62. さらに、プフェッファーとサランシックは、「同じ活動であっても、正当であるとみなされることもあれば、正当でないとみなされることもある。多様な価値や現実の曖昧さによって、組織的行為者は対立した解釈をおこなう」として、組織の正当性を評価する観衆が複数存在することがもたらす見解の相違について論じている。Pfeffer, J. and Salancik, G.R.（1978）*op. cit.,* p. 195.

38　組織の発展を、正当性の観点から検証する試みは、新制度学派の研究において豊富な蓄積がある。マイヤーとローワン（Meyer and Rowan）は、組織は行為者からの支持や組織間の関係を通じて評価されることでその正当性を高め、普及の比率を高めると述べる。無認可学校という組織の存続・発展を、無認可学校に関わる各行為主体からの支持や、認可学校との関係から分析する本研究は、こうしたマイヤーとローワンの主張を検証するものでもある。Meyer, J.W. and Rowan, B.（1977）Institutionalized Organizations: Formal Structure as Myth and Ceremony, *The American Journal of Sociology,* 83, no.2, pp. 240-363. 制度学研究においては、公的な組織からの承認を得ていない無認可組織であっても、行為者がそれを実利的感覚から便利であるとみなしたり、認知的感覚で当然であるとみなしたり、また道徳的感覚から倫理的に容認されうるとみなしたりすれば、正当な組織として受容されうるといった議論も展開されている。

39　http://www.sagami-wu.ac.jp/kmatsu/India_profile_02.htm

40　筆者の調査では、デリー政府が作成した無認可学校リストに含まれていない無認可学校が確認された。そのため無補助私立学校がデリーの全学校数に占める比率は実際にはこれより高いと考えられる。

41　10-2制は経済危機を背景に、統一性のある教育段階区分の必要性が認識されたことで導入された。1964年にコタリ教育委員会が提唱した制度である。

42　Mehta, A.C.（2012）Elementary Education in India: Progress Towards UEE:

Analytical Tables 2009-10. New Delhi: NUEPA, p. 12. http://www.dise.in/Downloads/Publications/Publications%202009-10/AR%202009-10/Analytical%20Report%202009-10.pdf（最終アクセス日：2013年11月1日）

43　詳細については、小原優貴（2004）「インドの教育」田中圭治郎編『比較教育学の基礎』ナカニシヤ出版、pp. 210-230を参照されたい。NCERTホームページhttp://www.ncert.nic.in/index.html（最終アクセス日：2013年11月1日）

44　中央中等教育委員会は、もともと1920年代に英語を教授言語とする中等教育が拡大する中で、設置された。中央学校、州立学校、私立学校の修了者に対して資格を与えている。中央中等教育委員会ホームページhttp://www.cbse.nic.in/（最終アクセス日：2013年11月1日）

45　Secondary Education, Boards of Secondary & Senior Secondary Education in India http://mhrd.gov.in/recognized_boards（最終アクセス日：2013年11月1日）州の公用語を教授言語とする多くの政府系学校が州立中等教育委員会の試験に参加している。

46　http://cisce.azurewebsites.net/council.aspx（最終アクセス日：2013年11月1日）

47　連邦政府は、中等教育予算の86％をこのジャワハル・ナヴォダヤ学校とケンドゥリヤ学校に投資している。

48　ジャワハル・ナヴォダヤ学校は1968年の国家教育政策を受けて策定された農村地域学校普及計画のもと設置され、インド全土に設置されている。女子、農村出身者、指定カースト・指定部族出身者、障害者に対しては入学の際に優先枠がある。試験を突破した生徒は、整備された施設と優秀な教員のもと、第6学年から第12学年までの全寮制・共学・完全無償の教育を受けることができる。制服、教科書、文房具、教育費に加え、食費、住居費、帰省費用、衛生費も支給される。詳しくは、以下を参照されたい。ジャワハル・ナヴォダヤ学校ホームページhttp://www.jnvjalna.org/（最終アクセス日：2013年11月1日）、ケンドゥリヤ学校ホームページhttp://www.kvsangathan.nic.in/（最終アクセス日：2013年11月1日）杉本均（2005）「インドにおけるマージナル・グループへの才能教育」京都大学大学院教育学研究科比教育学研究室『児童・生徒の潜在的能力開発プログラムとカリキュラム分化に関する国際比較研究』pp. 250-273。杉本均・小原優貴（2007）「産業化インドにおける教育制度と教育選抜」『京都大学大学院教育学研究科紀要』第53号、pp. 13-31。

49　公用語を母語とする者に対しては公用語による教育が実施され、公用語が母語でない者に対しては、第1学年・第2学年には母語による教育が、第3学年以降には公用語による教育が原則、実施されることとなっている。

50　憲法第341条と第342条において指定されている後進的な諸カーストと諸部族。指定カーストと指定部族という用語は、インド法（1935年）で整理された定義に依拠するとされる。指定カースト、指定部族に対しては、基本的人権の保障に加え、教育、雇用、議会の議席などについて特別な優遇措置が講じられている。

51　ノンフォーマル教育は、政府がおこなうもの、連邦政府から支援を受けたNGOが、政府の示すノンフォーマル教育モデルに従いおこなうもの、また独自で資金調達をおこなうNGOが、政府の示すモデルとは無関係におこなうものなどがある。

52 全国学校教育調査の報告書によると、インドにおけるオルタナティブ・スクールとは、1km圏内に学校のない地域に住む未就学者や中途退学者を対象としている。

41

第1章
教育の普遍化政策と公教育制度の構造

万人のための教育・万人のための成長を目指すインド政府のサルヴァ・シクシャ・アビヤーン政策のロゴ

インドでは植民地時代より初等教育の普遍化を目指して無償義務教育が実施されてきた。しかしこの目標は、義務教育法がインドで最初に制定された1917年から約100年が経過した今日においても未だに達成されていない。本章では、まず19世紀後半のイギリス植民地時代から無償義務教育に関する子どもの権利法 (2009) (The Right of Children to Free and Compulsory Education Act (2009)、以下、RTE法)[1]制定に至るまで、インドにおいて教育の普遍化がどのように推進されてきたのか、またその実現においてどのような問題があったのかを分析し、インドにおける初等教育の普遍化政策の歴史的変遷を概観する。次いで、インドの教育統計データを参考に、学校数や就学者数の推移、無償教育の実施状況などを確認するとともに、異なる種別の学校の構成比率や推移を分析し、インドの公教育制度の構造的特徴を明らかにする。そして最後に、本研究で分析するデリーの無認可学校を取り巻く制度状況を確認するため、デリーの初等教育の普遍化政策とその実施状況および公教育制度の構造的特徴について検討する。

1. インドにおける教育の普遍化政策の歴史的変遷

(1) イギリス植民地時代の義務教育法による就学促進

インドでは19世紀後半より義務教育の実施をめぐりさまざまな方針が検討されてきた。インドで最初に義務教育法が実施されたのはバローダ藩であった[2]。バローダ藩に刺激を受け、その後ボンベイでG.K.ゴーカレによる義務教育法の制定に向けた運動がおこなわれたが実現には至らなかった。義務教育の原則を取り入れた法律は、ゴーカレの意思を継いだボンベイ立法参事会の議員、V.B.J.パテルの尽力によって実現した[3]。この法は、パテルの名をとってパテル法 (1917年) として知られている。このパテル法では、6歳から11歳までの子どもに無償義務教育をおこなうことが制定された。パテル法の制定を受け、1930年代までには12の義務教育関連法が、イギリスの直接統治する各州の法令集に取り入れられた。

植民地時代に制定された無償義務教育法では、保護者が子どもを就学させ

る義務をもつこと、そしてこの義務を怠った保護者には罰金が課せられることが定められた。しかし法の施行にあたっては多くの問題があった。当時の植民地政府は十分な数の学校を設置する財政力を有していなかった。そのため義務教育は都市を中心に実施され、対象はおもに男性に限られた。また就学義務を果たせない保護者の多くは子どもを学校に通わせる余裕のない貧困層であり、たとえ罰金を課したところで実際にそれが支払われることはなかった。このように、イギリス植民地時代に導入された義務教育法の効力はほとんどなく、実施された義務教育の範囲は限定的であった。

(2) 独立後インド憲法と各州の無償義務教育法による就学促進

独立後に制定されたインド憲法では、その第4部指導原則[4]第45条に、義務教育に関する規定が取り入れられた。そこには政府が憲法の施行後10年以内に、14歳までのすべての子どもに対して無償義務教育をおこなう責任を有することが明記された。ただし、この指導原則はあくまでもインドの社会政策の基本原理を示すものであり、司法上の実質的効力をもつものではなかった。そのため政府が無償義務教育を実施しなかったとしても、法的制裁が下されるわけではなく、新たに関連法を制定しない限りこの規定の法的効力はなかった[5]。一方、憲法第3部[6]に国民の権利として定められた基本権に関する規定は、不履行が認められた場合、法的制裁が下されるものであった。インド憲法で無償義務教育の実施が国民の基本権に関わる事項に取り入れられなかったのには、政府に無償義務教育を実施できるだけの財政力がなかったこと、また国民が貧窮状況にある中、教育を義務付けることが現実的ではなかったことがあった[7]。こうして無償義務教育の実施責任は、関連法を制定するかどうかという判断も含め州政府に委ねられた。その結果、インドには義務教育関連法を制定する州と、制定しない州とがみられるようになった[8]。

無償義務教育関連法を制定した州[9]は、1960年に連邦政府が制定したデリー初等教育法(1960年)[10]を参考にした。デリー初等教育法では、学齢期前の児童や未就学児童の保護者に対して政府が就学通知書を送る義務をもつこ

とが定められた。また植民地時代に制定された無償義務教育法同様、保護者が子どもを就学させる義務をもつこと、そしてこの義務を怠った保護者には罰金が課せられることが定められた[11]。ただし、デリー初等教育法第10条には、就学義務が免除されるあらゆるタイプの例外規定が設けられていた。たとえば、自宅から適切な距離に認可学校が存在しない場合、子どもが何らかの効果的な方法で教育を受けており、それが政府によって認められた場合、子どもが身体的・精神的障害を被っており就学が困難な場合、そのほか子どもが就学困難な事情があり、それが政府によって認められた場合などが例外的ケースとしてあげられた。これらの例外規定は、子どもに対する配慮の策にもみえたが、無償義務教育の遅れを保護者や子どもに責任転化し、政府の無償教育の不履行を正当化させるものともみえた[12]。

以上のように、独立後のインドでは、無償義務教育の実施は憲法の指導原則に定められ、各州政府に義務教育関連法の制定が義務付けられてこなかった。また義務教育関連法を制定した州においても、就学免除の例外規定が設けられ、法の強制力が弱められてきた。これらはインドの教育の普遍化を妨げるものであったが、その背景には、政府の財政難や国民の貧困という問題があったのである。

(3) インセンティブ政策による就学促進

インドの教育に関する最高諮問委員会、中央教育諮問委員会は、1964年、無償義務教育法の執行に代わる就学促進の方針として、インセンティブの導入を勧告した[13]。この勧告は、それまで政府が実施してきた子どもや保護者の義務を強調する就学促進政策を、教育を提供する側の変革を重視する就学促進政策へと転換させるものであった。中央教育諮問委員会の勧告は教育政策に大きな影響を与え、その後作成された教育政策や政府報告書には、「無償義務教育」の推進に代わって「教育の普遍化」が国家課題としてあげられるようになった[14]。これにともない、未就学児童の保護者への通知や、子どもを就学させる義務を怠った保護者に対する出席命令や罰金、提訴は、次第に実施されなくなった[15]。その代わりに、教科書・制服を無償支給するインセ

ンティブ政策が推進されるようになった。

　しかし、1960年代、インドは経済危機に直面しており、教育においては高等教育が重視され、初等教育の普遍化については大きな進展はなかった。こうした状況に変化がみられたのは、ラジーヴ・ガンディー政権のもと新国家教育政策（1986年）が策定された時であった。新国家教育政策では、社会的弱者の教育参加の促進が主要課題とされ、前期初等教育の普遍化に焦点を置いた県初等教育プログラムや、前期初等学校の教育設備を整備するためのオペレーション・ブラックボード政策（1987年-1988年）が実施された。また、経済的理由などで就学困難な子どもにカリキュラムや授業時間の柔軟な教育機会を提供するノンフォーマル教育政策（1987年-1988年）も導入された[16]。1990年にタイのジョムティエンで開催された万人のための教育国際会議で、初等教育の普遍化が国際社会の共通課題であることが再確認されたのを受けて、インドでは初等教育の普遍化の包括的枠組みとなるサルヴァ・シクシャ・アビヤーン（ヒンディー語で万人のための教育運動の意）政策が提唱された。この政策は、これまで初等教育の普遍化を目指し実施されてきた諸施策をひとつの政策枠組みの中に位置づけると同時に、後期初等教育も含めた初等教育の普遍化の実現を目指すものであった。

(4) 就学促進政策がもたらした質の問題

　政府が推し進めてきた初等教育の普遍化政策は、学校や教室の増設、教員の増員を進め、就学率の向上に寄与してきた。しかし、量的拡大を重視する政策は、質的側面でさまざまな問題を引き起こした。これまで教育を受けたことがなかった非識字者の家庭に育った学習第一世代の子どもの多くは、公立学校に集中した。しかし、公立学校では、増加する就学人口に教員の育成が追い付かず、暫定措置として無資格の契約教員[17]が低賃金で雇用されることもあった。それでもなお教員が不足する後進州では、1人の教員が学校運営のすべてを切り盛りする1人教員学校[18]が設置されたり、1人の教員が複数の学年の子どもを同時に教える複式学級が実施されたりした。しかし、十分な教員訓練を受けていない契約教員はもちろん、暗記型の詰め込み方式

教育と、理論中心の教員訓練を受けてきた既存の教員は、学年や年齢、学力がばらばらの学習第一世代に対応する力量をもちあわせていなかった。また経済成長にともない公立学校の教員の給与が上昇し、貧困層を多く含む生徒との間に階層文化の違いによる距離が生じた[19]。

　こうした中、公立学校では、教員が欠勤したり、授業中に教室を離れたりするなど教員の勤務態度に関わる問題も生じていた。農村地域の公立学校を調査したプローブ・チーム (Probe Team) は、「公立学校の最大の弱点は、校舎、教室、机や椅子、飲み水などのインフラが十分に整備されていないことにあるのではなく、教員の勤務態度にこそある」と指摘している。学校数、教育設備、教員数などの統計上の数字をみる限りでは教育環境が整備されているように思われる都市でも、教員の勤務態度の問題は大きな課題であった。実際、筆者が訪問した公立学校では、教員が不在のため生徒が自習をしている教室がいくつかみられた。各学校は、管轄教育局が視察をおこない管理・統制する責任をもっているが、インドの初等学校全体の約4割で視察が実施されていなかったことが明らかにされている[20]。

　公立学校の教員のモチベーションは低く、こうした教員によっておこなわれる教育は子どもの学習意欲を高めるものではなかった。このことは生徒の学習到達度にも反映されている。初等教育段階の生徒の学力調査を実施している教育NGO、プラサム (Pratham) は、農村地域の公立学校で第3学年の生徒に第1学年レベルの読解テストを実施したところ、7割がこれをクリアできなかったこと、そして私立学校の生徒のテスト結果はこれよりも良い結果であったことを明らかにしている[21]。

　それにも関わらず、教員志望者の間では私立学校よりも公立学校の方が就職先として人気が高いという矛盾した事態が発生している。この理由のひとつに、私立学校では、政府の定める給与が必ずしも規定通りに支払われておらず、公立学校の教員よりも待遇が良くないことが指摘される[22]。インドは経済発展を遂げてはいるものの、労働市場の9割はインフォーマルセクター（低賃金の小規模事業の総称）によって占められており、安定した報酬が得られる職は公務員以外では限られている。そのため、公立学校は安定した職場とし

て本人のみならずその両親を含む家族からも好まれることが多いのである。このようにインドでは私立学校よりも教員給与の高い公立学校の方が生徒の学習到達度が低いという矛盾がみられるのである。このことは教員給与の高さが学習成果に必ずしも結び付くわけではないことを示している[23]。

　以上のように、インドでは教育の普遍化政策により就学率が向上したものの、政府が学校を適切に統制してこなかったため、実態のともなわない教育が普及してきたことがわかった。以下では、こうした政府や教員の義務不履行に対して法的制裁を下す新たに制定された連邦法について説明する。

(5) 連邦政府による無償義務教育関連法の制定

　1976年に教育が連邦政府と州政府の共同管轄事業となったことで、州法を上回る効力をもつ連邦法の制定が実現可能となった。しかし、初等教育段階では連邦法が制定されず、州の教育法が最高法規として機能してきた。大きな転機となったのは、1993年にアンドラ・プラデーシュ州で私立学校の授業料をめぐる裁判がおこなわれた時である。最高裁判所はこの裁判で無償義務教育を受ける子どもの権利は国民の基本権に関わるという判決を下し、これを受けて憲法第4部の指導原則に規定されてきた無償義務教育に関する条文は、憲法第3部の基本権に追加されることとなった。そして、2002年の第86次憲法改正法では、憲法第3部第21条Aに、「政府は政府が法にもとづき決定した方法で、6歳から14歳までのすべての子どもに無償義務教育をおこなう責任を有する」という文言が追記された[24]。こうして、2009年に無償義務教育の実施方法を決定する際の規範となるRTE法が制定されたのである。RTE法は、インドの初等教育史上初の連邦法であり、州政府の制定した既存の無償義務教育関連法に優先される最高法規である。本法の制定に至るまで、インドでは連邦レベルの教育法の必要性をめぐり議論がなされた。1997年に開催された州教育局長の会議では、すでに義務教育法を制定している州ではそれらを強化し、州法のないところでは新たに州法を制定すればよく、連邦法を制定する必要性はないという見解が示された[25]。一方、人的資源開発に関する国会の常任委員会は、州政府のもと進められてきた無

償義務教育の実施状況が満足のいくものからは程遠い現状に鑑み、無償義務教育の実施責任を各州政府に委ねることに否定的な見解を示した[26]。州法より効力をもつ連邦法、RTE法の制定は、後者の見解が支持され実現したのである。

　RTE法では無償義務教育の実施にあたって、各行為主体が果たすべき義務が明確に記されている。保護者については子どもを就学させる義務があることが定められている。ただし、RTE法が意味する「義務」とはとくに「政府が教育を無償提供する義務」であることが第8条で強調されており、この点は子どもを就学させる保護者の義務を強調してきた州政府の制定する既存の義務教育関連法とは異なる点となっている。また第24条では、教師の義務に関する条文が規定され、それが守られなかった場合には処罰の対象となることが明記されている。その規定の内容は、定期的かつ時間通りに出勤すること、政府が定めるカリキュラムを実施し終わらせること、一人一人の子どもの学習能力を評価し、必要があれば補習授業をおこなうこと、保護者に子どもの出席状況や学習能力、学習の進展状況などを知らせるため、定期的に会合を開くことというものであった。これらの義務が履行されず子どもの基本権が侵害されていると判断された場合は処罰の対象になった。公立学校の教員やそこで学ぶ生徒の現状に鑑みると、この点は大きな意味をもつといえる。

　RTE法では、RTE法の実施状況を監視する全国レベルの委員会、全国子どもの権利保護委員会と、州レベルの委員会、子どもの権利保護州委員会[27]の設置についても規定している。これらの委員会にはRTE法の実施状況を監視し、規定が遵守されていない場合には法に訴え子どもの教育権の行使を支援する役割が与えられた。

　RTE法の内容が各州政府の制定してきた従来の義務教育関連法と異なる点として、まず第1に、子どもを就学させる保護者の義務よりもむしろ、無償義務教育を実施する政府や教員の義務が強調されている点があげられる。これには、インドで無償義務教育が実現されてこなかったのには、政府に大きな責任があったという連邦政府の認識が反映されていると考えられる[28]。

第2に、無償義務教育に関連して子どもの教育権が侵害されていると判断された場合には法的制裁が下されることになった点があげられる。そして第3に、子どもの権利保障のために、政府が認可していない学校の存在を否定したことがあげられる。この第3番目の点については、本研究の分析対象である無認可学校に大きくかかわるものであり、第5章で詳しくみていくことにしたい。

ここまでは、インドの教育の普遍化政策の歴史的変遷を分析してきた。インドにおいて教育の普遍化が実現されてこなかったのには、政府の財政難や国民の貧困という問題に加え、政府が学校を適切に統制してこなかったという問題があった。こうして2010年に施行されたRTE法によって、無償義務教育を受ける子どもの権利は基本権とされ、政府を含めこれを侵害する者には法的措置が下されることになった。インドではこうした強制力をもつ法の執行によって、実態のともなう教育の普遍化が目指されることになったのである。次節では連邦政府の研究調査機関が作成した教育統計データを参考に、インドにおける教育の普遍化の現状を確認するとともに、インドの公教育制度の構造的特徴を分析する。

2. インドの公教育制度の構造

ここではまずインドにおける教育の普遍化がどのように進められてきたのか、学校数、就学者数、教員数の推移から確認する。

(1) 教育段階ごとの学校数・就学者数・教員数

図1-1はインドの学校数の推移を示している。この図からは、インドの学校数が1950年以降、急速に増加してきたことがわかる。その傾向は前期初等教育段階で顕著であり、2005年時点の前期初等教育段階の学校数(約70万校)とほかの教育段階のそれ(後期初等教育段階：約20万校、中等教育段階：約16万校)との間には大きな開きがある。

図1-2はインドの就学者数の推移を示している。学校数同様、就学者数は

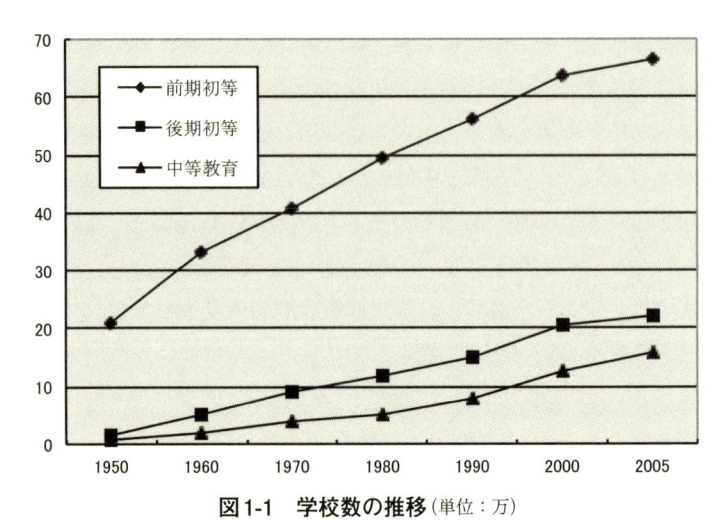

図1-1 学校数の推移(単位:万)

出所　Government of India, GoI, Ministry of Human Resource Development, Department of Higher Education (2008) Table15 より筆者作成

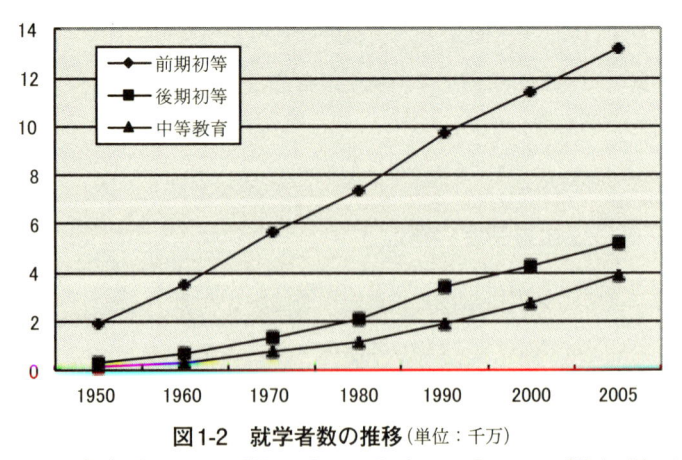

図1-2 就学者数の推移(単位:千万)

出所　Government of India, GoI, Ministry of Human Resource Development, Department of Higher Education (2008) Table15 より筆者作成

1950年以降、急速に増加しており、その傾向はとりわけ前期初等教育段階で顕著である。2005年時点の前期初等教育段階の就学者数は、約1億3,000万人確認されており、日本の総人口を上回っている。これに対して、後期初等教育段階では約5,000万人、中等教育段階では約4,000万人の就学者数

が確認されており、前期初等教育段階のそれを大きく下回っている。このことから、インドにおける初等教育の普遍化は、おもに前期初等教育の拡大によって実現されてきたことがわかる。また前期初等段階と後期初等教育段階の就学者数の著しい差からは、前期初等教育修了者の多くが教育の継続を断念していることが示唆される。実際ドロップアウトの問題は、前期初等教育と後期初等教育の間で最も多く発生していることが指摘されている。

教員数の推移については、学校数と就学者数のそれとは異なる傾向がみられる(図1-3)。学校数と就学者数の増加は、前期初等教育段階で顕著であったが、教員数に関しては、むしろ中等教育段階で著しく増加しており、2005年の時点では前期初等教育段階の教員数にほぼ到達している。

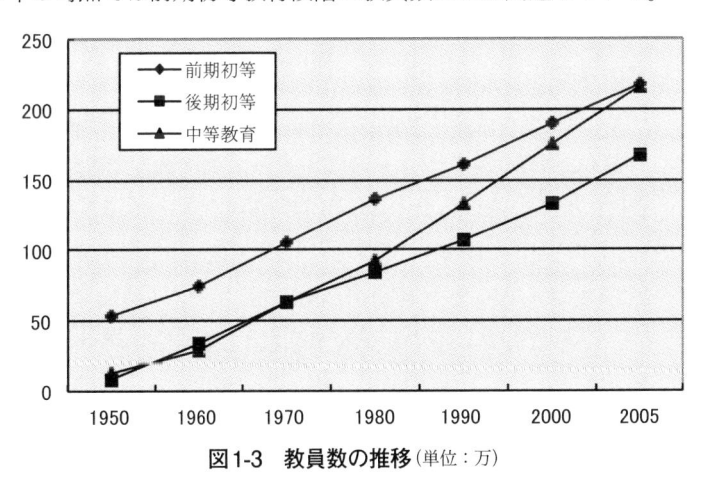

図1-3 教員数の推移(単位:万)

出所　Government of India, GoI, Ministry of Human Resource Development, Department of Higher Education (2008) Table15 より筆者作成

このことから、教員の配置には、不均衡が生じていることがわかる。実際、教員一人に対する生徒数は、前期初等教育段階で最も多く、上級学年にあがるに従い少なくなる傾向にある[29]。中等教育段階の教員の報酬は初等教育段階の教員のそれより高く、こうした少ない生徒数と高い報酬は、中等教育段階の教員の人気を高め、教員配置の不均衡に影響を及ぼしていると考えられる。適切な数の教員配置は、学校の教育の質にも影響を与える重要な要素である。初等教育段階の就学者数のさらなる増加が見込まれる中、これに対応

する教員配置をおこなうことが求められる。

　続いて、以下では、全国標本調査機構の報告書を参考に、インドの教育の普遍化政策の要である教育の無償化とインセンティブ政策の実施状況を学校種別の違いに留意して確認する。

(2) 無償教育とインセンティブ政策の実施状況

　全国標本調査機構は、全国の5歳〜29歳の子ども・青年を対象に教育経験に関する標本調査をおこなっている[30]。ここでは全国標本調査機構が実施した第52次調査(1995年-96年)と第64次調査(2007年-2008年)の結果から、学校種別ごとの無償教育およびインセンティブ政策の実施状況をみていく。

①無償教育の実施状況

　無償教育の実施状況を確認する前に、まずは全国標本調査機構が定義する無償教育の内容を明らかにしておく必要がある。全国標本調査機構は、「無償教育を提供する学校」とは、「一定の教育段階までいかなる生徒からも授業料を徴収しない学校」と定義している[31]。この定義は、授業料を徴収していない学校であれば、教科書や制服、図書館運営などにかかる費用を徴収していようとも、「無償教育を提供している学校」とみなされることを意味している。つまりここでいう「無償教育」は、教育を受ける者の費用負担が完全に免除される完全無償教育を意味しているわけではない。以下では、全国標本調査機構の定義する無償教育の意味をふまえた上で、こうした無償教育の受益者の状況についてみていく。

　全国標本調査機構の第64次調査では、無償教育受益者の比率は、無償義務教育段階である初等教育段階において最も高いことが確認されている(前期初等教育段階：71%、後期初等教育段階：68%、中等教育段階：48%)[32]。**表1-1**は、この初等教育段階の無償教育受益者の比率を、学校種別ごとにみたものである。

　表1-1からは、いくつかの傾向が読み取れる。まず第1に、無償教育受益者の比率は、とくに政府系学校[33]に在籍する生徒の間で高いという点であ

表1-1 学校種別ごとの無償教育受益者の比率　　　　　(単位：%)

教育段階	前期初等		後期初等	
学校種別＼年次	52次 (1995-1996)	64次 (2007-2008)	52次 (1995-1996)	64次 (2007-2008)
政府	91.9	93	85.9	86.7
地方自治体	86.6	90.9	78.6	84.2
被補助私立	44.5	35.7	52.6	49.8
無補助私立	5.4	6.3	5.6	0.6

出所　National Sample Survey Organization (NSSO), Department of Statistics, Government of India (1998) および National Sample Survey Office, National Statistical Organisation, Ministry of Statistics and Programme Implementation, Government of India (GoI) (2010) より筆者作成

る[34]。そしてその比率は、第52次調査から第64次調査の間で増加傾向にある。第2に、政府から補助を受けている私立学校、被補助私立学校に在籍する生徒の間でも、無償教育受益者の比率が比較的高いという点である(35%～50%前後)。そして第3に、政府から補助を受けない私立学校、無補助私立学校に在籍する生徒に関しては、無償教育受益者の比率がきわめて低いという点である(0.5%～6%前後)。無償教育の受益者の分析結果から、教育の無償化は、政府系学校においてかなりの程度実施されていること、そして、被補助私立学校においてもある程度進められていることがわかった。また、被補助私立学校と無補助私立学校は、同じ私立学校でありながらその性質が大きく異なることも明らかとなった。こうした違いは、政府からの補助の有無が影響していると考えられる。実際、後述のように、本研究の調査地であるデリーでは教育の無償化が政府系学校のみならず被補助私立学校においても進められており、学校関係者の間では、被補助私立学校は政府系学校にきわめて近い私立学校として認識されている。

②インセンティブ政策の実施状況

　今日インドでは、教科書や制服の無償支給、給食の無償支給／補助金支給のほか、バスによる送迎サービスや女子・低カーストを対象とした奨学金支給が、インセンティブ政策の一環として実施されている。インセンティブ政

策は、授業料以外の教育費を政府が負担することで、教育の完全無償化を目指すものである。表1-2は、インセンティブ政策の受益者の比率を学校種別ごとに示したものである。

表1-2からはまず全体的な傾向として、学校種別に関わらず、第52次調査から第64次調査の間で受益者の比率が増加傾向にあることが読み取れる。また受益者の比率を学校種別ごとにみていくと、その比率は政府系学校の在籍者の中で高いことがわかる[35]。全体の中で最も増加が著しいのは、政府系学校における教科書と給食の受給者比率である(教科書：30%前後→70%前後に増加、給食：0.5～1%→60%前後に増加)。全国標本調査機構の調査結果は、先行研究においても確証されている。1996年にインドの農村地域で大規模な学校調査をおこなったプローブ・チームは、10年後同じ農村地域を訪問し、この10年間の顕著な変化のひとつに、公立学校における教科書や給食などの支給状態が改善したことを指摘している[36]。第52次調査が実施された1990年代後半から第64次調査が実施された2000年代半ばまでの期間は、教育の普遍化政策のもと、給食政策が実施された時期にあたり、給食の受給者比率の増加はこのことが影響していると考えられる[37]。この給食プログラムは、就学促進の直接的インセンティブになると考えられており、世界最大規模の給食プログラムとなっている。政府系学校ほどではないが、被

表1-2　学校種別ごとの各種インセンティブの受益者比率　(単位：%)

インセンティブ種別	教科書(無償/補助金支給)		給食		奨学金		文房具(無償/補助金支給)	
年次　　　　　学校種別	52次(1995-1996)	64次(2007-2008)	52次(1995-1996)	64次(2007-2008)	52次(1995-1996)	64次(2007-2008)	52次(1995-1996)	64次(2007-2008)
政府	33.6	68.8	0.5	57.6	8.2	19	5	9.1
地方自治体	29.7	75.6	1.3	59.4	6.2	10.9	4.5	10.2
被補助私立	9.9	22.1	1.2	14.8	5.5	8.7	1.9	2.8
無補助私立	1.6	3.9	1.1	1.6	1.4	2.8	0.8	1.1

出所　表1-1に同じ

補助私立学校在籍者に関しても第52次調査から第64次調査の間で、教科書、給食の受給者の増加が著しい（教科書：約10%→約20%に増加、給食約1%→約15%に増加）。これに対して、無補助私立学校における受給者比率は全体的にわずかな増加がみられるものの、最も受給者比率が高い教科書でもその比率は第64次調査時点で3.9%にとどまる。つまり、無補助私立学校の在籍者の大多数は、授業料に加え、そのほかの教育費も自己負担していると考えられる。教科書や給食ほどではないが、奨学金の受給者比率は全体的に増加傾向にあり、最も受給者比率の高い政府系学校では第64次調査時点で在籍者の約10%〜20%がその恩恵を受けている。

ここまでは、教育の無償化とインセンティブ政策の実施状況を学校種別の違いに留意しながら分析してきた。分析結果からは、教育の普遍化に向けた就学促進の取り組みは学校種別によって大きく異なり、教育の無償化とインセンティブ政策はとりわけ政府系学校において実施されてきたこと、そして政府系学校ほどではないが政府の補助を受ける被補助私立学校においても部分的に実施されてきたことがわかった[38]。続いて、以下では、インドの公教育制度を構成する異なるタイプの学校の構成比率やその推移を分析し、インドの公教育制度の構造的特徴を検討する。

(3) 運営主体・提供教育段階の異なる各学校の構成比率とその推移

図1-4は、国立教育研究訓練協議会（National Council of Educational Research and Training、以下、NCERT）が実施した第3次（1973年）〜第7次（2002年）までの全国学校教育調査の結果を参考に、各教育段階の全学校数に占める運営主体別学校数の比率を時系列に示したものである。図1-4からは各学校の構成比率が教育段階によって異なることがわかる。ここでは教育段階ごとの各学校の構成比率を分析する。

まず初等教育段階では、政府系学校の比率が高いことがわかる。無補助私立学校の拡大により、その比率は減少傾向にあるものの、これらの学校が全学校に占める比率は、前期初等段階では約90%、後期初等教育段階では約70%となっている。対照的に、中等教育段階では私立学校の占める比率

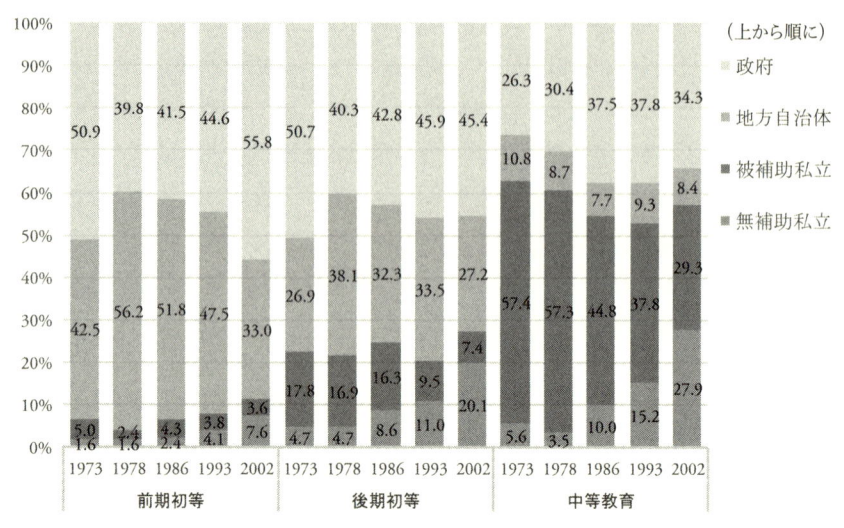

図1-4 各教育段階の全学校数に占める運営主体別学校数の比率の推移(単位:%)
出所 NCERT(2003)およびNCERT(2008)より筆者作成

が高い。中等教育段階の全学校に占める政府系学校の比率は、1973年以降、上昇傾向にはあるものの2002年時点においても50%に満たない。この理由として、中等教育段階ではもともと被補助私立学校がその発展に寄与してきたこと[39]、また無補助私立学校が急速に拡大傾向にあることがあげられる。なお、被補助私立学校の多くは都市に設置されてきたこと、また中等教育段階の無補助私立学校では一般に高額の授業料や厳しい選抜試験が課されていることを考慮すると、中等教育段階の私立学校へのアクセスは、富裕層や中間層に限られていると考えられる。

インドの公教育制度の特徴は、政府系学校と私立学校の対比だけは十分に捉えきれない。私立学校といっても、被補助私立学校と無補助私立学校の間には大きな違いがある。この点に留意し、これらの学校の構成比率がどのように推移してきたのかをみてみると、被補助私立学校の比率は、1986年まで、すべての教育段階で無補助私立学校のそれを上回っていたことがわかる。しかし、2002年の時点にはこの関係に大きな変化がみられ、初等教育段階の無補助私立学校の比率は被補助私立学校のそれを上回っており、被補助私

立学校の存在感が圧倒的であった中等教育段階においても、両者の比率はほぼ同じになっている。

　以上のように、NCERTの調査結果からは、全教育段階で無補助私立学校が拡大傾向にあり、被補助私立学校や政府系学校の比率を縮小させつつあることがわかる。つまり、インドでは政府による教育の無償化が進められるのと同時に、有償の私立学校が拡大してきたのである。

　ところで、NCERTの全国学校教育調査では、学校の最終教育段階を基準に学校分類をおこなっている。たとえば、後期初等教育のみを提供する学校と前期初等から後期初等までの教育を提供する初等一貫校はともに後期初等教育を最終教育段階としているため、いずれも「後期初等学校」に分類される。そのため、学校が実際に提供している教育段階を把握することができない。これに対して、国立教育計画経営大学は、学校が実際に提供している教育段階を学校分類の基準とする県教育情報システム[40]を用いた調査をおこなっている。県教育情報システムは、初等教育を提供する学校を以下の5つに分類している。

　それらは、前期初等教育のみを提供する「前期初等学校」、後期初等教育のみを提供する「後期初等学校」、前期初等から後期初等までの教育を一貫して提供する「初等一貫校」、後期初等教育から後期中等教育までを一貫して提供する「後期初等～中等一貫校」、そして初中等教育を一貫して提供する「初中等一貫校」である。県教育情報システムは、ある特定の教育段階のみ提供する学校と複数の教育段階をまたいで教育を提供する一貫校を区別して分析しており、全国学校教育調査のデータからは読み取れないインドの公教育制度の特徴を確認するのに役立つと考えられる。

　図1-5は県教育情報システムのデータをもとに、初等教育を提供する全学校数に占める提供教育段階別学校数の比率を示したものである。まず明らかなのは、前期初等学校の占める比率が圧倒的に高いことである（約63%）。続いて、初等一貫校（約18%）、後期初等学校（約10%）など初等教育のみを提供する学校の比率が高く、中等教育を提供する後期初等～中等一貫校（約6%）、初中等一貫校（3%）の比率は低い。これらの数値からは、前期初等学校がイ

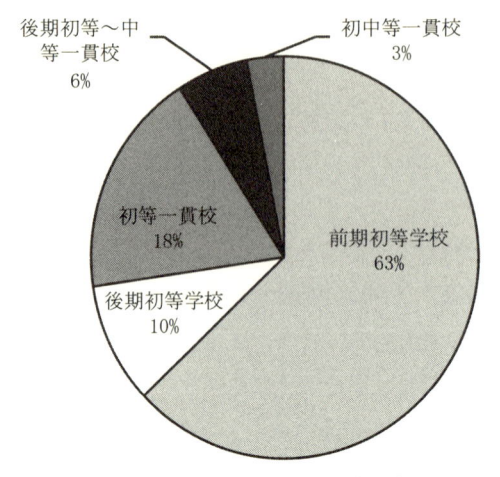

図1-5 初等教育を提供する学校の提供教育段階別比率

出所　Mehta (2011b) より筆者作成

ンドの初等教育の普遍化の中心的役割を果たしてきたことがわかる。

　提供教育段階別に分類された図1-5の学校をさらに運営主体別に分類し、その上で初等教育を提供する全学校に占める比率を示したのが**表1-3**である。既述のとおり、全体としては初等教育のみを提供する学校の比率が高く、その中では前期初等学校が最も多く、次いで初等一貫校、後期初等学校が続く。

**表1-3　インドの初等教育提供学校総数に占める各種学校比率
—提供教育段階・運営主体別**

（単位：％）

2008-2009	州教育局	民族省・社会福祉局	地方自治体	その他政府	被補助私立	無補助私立
前期初等学校	38.4	2.6	13.9	0.5	1.9	5.7
後期初等学校	6.8	0.7	0.1	0.0	1.0	1.1
初等一貫校	8.1	0.2	4.6	0.2	0.9	4.3
後期初等〜中等一貫校	2.4	0.1	0.8	0.1	1.6	1.0
初中等一貫校	0.8	0.1	0.1	0.1	0.4	1.7

出所　図1-5に同じ

前期初等学校の中でも多数を占めるのは州教育局の運営する前期初等学校で(38.4%)、続いて都市自治体の運営する前期初等学校の比率が高い(13.9%)。これらのふたつのタイプの学校は、インドで初等教育を提供する学校全体の半数以上を占める(52.3%)。前期初等学校が州教育局の運営するものと地方自治体の運営するものとに分かれるのには、地方自治体が前期初等を、州教育局が後期初等教育以上の教育を管轄するという教育当局間での役割分担がなされている州と、前期初等教育を含むすべての教育段階を州教育局が管轄する州の状況が反映されたものと考えられる。

　後期初等～中等一貫校に関しては、州教育局が運営する州立学校の占める比率が最も高く(2.4%)、次いで被補助私立学校の比率が高い(1.6%)。これには、一部の州立学校に加え被補助私立学校が後期初等教育以上の教育を提供する役割を担ってきたことが反映されていると考えられる。初中等一貫校に関しては、提供教育段階別に分類した学校群の中で最も比率が低い。この初中等一貫校の中で最も比率が高いのは、無補助私立学校が運営する初中等一貫校(1.7%)である。無補助私立学校が運営する初中等一貫校は、一般に富裕層や中間層を対象とする学校として認識されており、すべてのタイプの学校の中で最も授業料が高い。初中等一貫校だけ取り出してこの学校の比率を計算すると約55%および、州立学校や被補助私立学校の初中等一貫校の比率を大きく上回る(州立学校：25%、被補助私立学校：12%)。このことから初中等一貫校は、とりわけ無補助私立学校に特徴的な学校形態であるといえる。

　ただし、無補助私立学校全体の中では、初等教育のみを提供する学校の比率の方が高い(前期初等学校：5.7%、初等一貫校：4.3%)。県教育情報システムでは私立学校を授業料にもとづき分類していないが、無補助私立学校の授業料は教育段階があがるに従い高くなる傾向にあることを考慮すると、初等教育のみを提供するこれらの学校の多くは貧困層を対象とする低額私立学校(Low-fee Private Schools、以下、LFP学校)であると考えられる。この論理に従い推計すると、インドの無補助私立学校の約5分の1は高額私立学校や中額私立学校で、約5分の4がLFP学校ということになる。

　以上の分析から、初等教育を提供する全学校の中で最も多いのは、無償化

によって貧困層の子弟が集中する政府系の前期初等学校(全体の半数以上を占める)であり、この対極に位置づく富裕層や中間層の通う有償かつ初中等一貫の無補助私立学校は全体の1.7%を占めるに過ぎないことがわかった。これらの事実は、インドの公教育制度が階層的構造を有していることを示している。この点については、デリーの公教育制度の分析を通じて詳しく検討する。

ここまでは、全国レベルの調査結果をもとに、インドの公教育制度の構造的特徴を学校種別の違いに留意して分析してきた。続いて、以下では、本研究で分析するデリーの無認可学校を取り巻く公教育制度の特徴を明らかにするため、デリーにおける初等教育の普遍化政策を概観するとともに、デリーの公教育制度を構成する異なるタイプの学校を分析する。

3.デリーにおける教育の普遍化政策と公教育制度の構造

(1) デリーにおける無償義務教育関連法

既述のとおり、インドでは1960年前後に義務教育の導入に向けた全国的な動きがみられた。1960年、連邦政府は無償義務教育に関して定めるデリー初等教育法(1960年)を制定し、その後、多くの州がこの法を参考に関連法を制定した。デリー初等教育法には、すべての都市自治体が管轄下の地域に居住する子どもに、前期初等教育段階の義務教育を提供することが規定されている。またその第15条第1項には、州政府や都市自治体が管理する認可学校に出席する子どもに対しては授業料を課さないことが規定されている。さらに第14条では、子どもが認可学校に出席するのを妨げるような雇用をおこなってはならないことが述べられている。以上の条文には、児童労働を撲滅し、義務教育を実施することで教育の普遍化を目指そうとする政府の意図が反映されているように思われる。しかし既述のとおり、デリー初等教育法には、就学が免除される例外規定が設けられており、就学は実質的には義務づけられてこなかった。そのため、デリーでは義務教育関連法が制定されたものの、その実施はきわめて遅く、施行から40年経過した2000年時点でもほとんど進展がみられなかったことが報告されている[41]。

デリーでは学校教育の組織化と発展を目指し、デリー学校教育法規（1973年）も制定されている。デリー学校教育法規が、デリー初等教育法と異なる点として、(1)「義務教育」という言葉ではなく「無償教育」という言葉が用いられていること、(2)無償教育の対象を第8学年（後期初等教育に該当）までとしていること(3)授業料以外の教育費の徴収も禁止されていること[42]、(4)また(3)を公立学校のみならず被補助私立学校に対しても禁止していることなどがあげられる[43]。デリー初等教育法とデリー学校教育法規の相違点からは、デリー政府が教育の享受主体である保護者に就学義務の不履行の責任を負わせるのではなく、教育提供主体である学校を改善していくことで、つまり教育を無償化しその対象を拡充していくことで教育の普遍化を実現しようと政策転換を図ってきたことがわかる。こうしたデリー政府の政策方針からは、無償義務教育法による就学促進からインセンティブ政策による就学促進への転換を促した中央教育諮問委員会の勧告の影響がうかがわれる。

しかし、2010年にはRTE法が施行され、ふたたび無償義務教育法の執行による就学促進が目指されることとなった。このRTE法は州政府の制定する既存の無償義務教育関連法に優先される連邦法である。各州はRTE法の実施方針を示す規則を制定することとなり、デリーではデリー無償義務教育に関する子どもの権利規則が2011年に制定された。またデリーでは同年にデリー学校教育法規検討委員会が設置され、デリー学校教育法規の見直しがおこなわれている。RTE法施行後の法制度整備は本研究の分析対象である無認可学校に深く関わる問題であり、この点については第5章で詳しく検討することにしたい。

ここまでみてきたように、デリーでは、1960年代以降、初等教育の普遍化を目指してさまざまな法律や規則が制定されてきた。以下ではこうした法律や規則にもとづき実際どのように教育の普遍化が進められてきたのか確認する。その前にまずはデリーの各教育行政機関とその管轄下にある学校の種別について説明する。

(2) デリーの教育行政機関とその管轄下の学校

デリーは、デリー都市自治体、ニューデリー市議会、デリー兵営委員会の3つの都市自治体によって分割統治されている。各自治体は、それぞれの管轄地区の前期初等学校(第1学年～第5学年)を統制している。また当該教育段階の公立学校の設置・運営、被補助私立学校に対する認可と補助、無補助私立学校に対する認可をおこなっている。これに対して、デリー連邦首都圏教育局(以下、デリー教育局)は、後期初等教育以上の教育を提供する州立学校を統制しており、当該教育段階の州立学校の設置・運営、被補助私立学校に対する認可と補助、無補助私立学校に対する認可をおこなっている。ただし、デリーでは1990年代後半に州立学校の一貫校化が進められ、既存の州立学校の一部に前期初等クラスが導入された[44]。そのため、デリー教育局は前期初等から後期中等教育段階(第1学年から第12学年)までの初中等一貫の州立学校も設置・運営している。続いて、以下では、デリー教育局をはじめとする政府関係機関が作成した報告書をもとに、デリーにおける教育の普遍化の現状を確認する。

(3) 教育の無償化政策とインセンティブ政策の実施状況

表1-4は、デリー教育局の年次報告書を参考に、運営主体の異なる各学校における2011年時点の授業料、制服、教科書、給食などの費用の徴収状況を示したものである。

表1-4からは、政府系学校と被補助私立学校がデリー学校教育法規の規定どおりに、授業料に加えそのほかの教育費を徴収していないことがわかる。また州立学校と被補助私立学校の中等教育段階では、生徒福祉基金(試験やスポーツ行事の実施費用)として3ヶ月に1度Rs.60(約120円)が徴収されているが、授業料、制服・教科書は無償となっており、中等教育段階においても教育の無償化が進められていることがわかる。さらに、一部の州立学校では、社会的・地理的理由により教育へのアクセスが制約されがちな僻地農村の女子を対象に、スクールバスでの送迎サービスが無償提供されている。

デリー政府は1993年に、デリー万人のための教育委員会を設置した。**表**

表1-4　デリーの学校におけるインセンティブ政策の運営主体別実施状況

学校種別＼インセンティブ種別	都市自治体	州教育局	被補助私立	無補助私立
授業料	無償	無償	無償	原則有償（一部の社会的弱者層の子弟は無償）
入学費	なし	なし	なし	
教科書	無償	無償	無償	
制服	無償	無償	無償	
生徒福祉基金	該当せず	初等教育はなし	初等教育はなし	
試験・スポーツ行事費		中等教育以降は3ヶ月毎にRs.60	中等教育以降は3ヶ月毎にRs.60	
給食	初等教育まで無償支給	初等教育まで無償支給	初等教育まで無償支給	なし
送迎	なし	一部提供	一部提供	各学校が提供

出所　Government of NCT of Delhi, Planning Department (2010) および学校関係者に対する聞き取り調査より筆者作成

表1-5　デリーの学校における教科書と制服の無償支給対象の拡大

教育段階・支給物＼ジェンダー・学校種別		前期初等教育		後期初等教育		中等教育	
		教科書	制服	教科書	制服	教科書	制服
男子	公立	1段階	1段階	3段階	3段階	3段階	3段階
	被補助私立	1段階	1段階	4段階	4段階	4段階	4段階
女子	公立	1段階	1段階	2段階	2段階	2段階	2段階
	被補助私立	1段階	1段階	2段階	2段階	2段階	2段階

出所　Government of NCT of Delhi, Planning Department (2010) より筆者作成

1-5は、その後実施された第9次5ヶ年計画(1997年-2002年)の時点を第1段階として、デリーの学校における教科書の無償支給／補助金支給と制服の補助金支給対象が第2段階〜第4段階の順に拡大してきたことを示している。

教科書の無償支給／補助金支給と制服の補助金支給は、第9次5ヶ年計画(1997年-2002年)の時点では、前期初等教育段階の公立学校と被補助私立学校の生徒のみが対象とされていた(第1段階)。しかし、2006年-2007年には後

期初等教育および中等教育段階の公立学校と被補助私立学校に在籍する女子も支給対象とされ(第2段階)、2007年-2008年時点には当該教育段階の公立学校に在籍する男子も対象とされるようになった(第3段階)。さらに2010年-2011年時点では、同教育段階の被補助私立学校に在籍する男子も支給対象となった(第4段階)。これによって、デリーはインドで唯一、初中等教育段階の公立学校と被補助私立学校の生徒すべてに教科書と制服の無償化を図る州となった。

　以上のように、公立学校の低学年に限定されていたデリーのインセンティブ政策は、被補助私立学校の女子に適用されるようになり、次第に男子や上級教育段階にも適用されていった。こうしたインセンティブ政策の拡大は、政府の支援なしには教育を継続できない子弟の就学や進学の支えになったと考えられる。このような取り組みが功を奏し、県教育情報システムの分析報告書では、デリーの就学率、識字率、最終学歴、教育投資の比率はインド全体でも高いことが明らかにされている。しかし、ほかの地域と同様に初等教育の急速な拡大はデリーにおいても教育の質の低下を招いた。

　以上でみてきたように、デリーでは教育の普遍化を実現するため、公立学校や被補助私立学校を中心に、教育の無償化やインセンティブ政策が実施されてきた。一方、デリーでは急速な経済発展を背景に有償の私立学校が急増している。以下では異なる種別の学校の構成比率や推移などの分析を通じて、デリーの公教育制度の構造的特徴を明らかにする。

(4) 運営主体・提供教育段階の異なるデリーの学校の構成比率

　表1-6は、国立教育計画経営大学の県教育情報システムのデータを参考に、デリーで初等教育を提供する学校の数と比率を運営主体別に示したものである。まず政府系学校と私立学校とに大まかに分けてみてみると、前者はデリーの学校の55%を占め、後者は44%を占めていることがわかる。政府系学校の中で最も多くを占めるのは都市自治体(Municipal Corporation of Delhi, MCD)が運営する公立学校(以下、**MCD学校**)で、全体の36%を占めている。従来デリーの初等教育は、MCD学校を中心に提供されてきた。しか

表1-6 デリーの初等教育提供学校の数と比率—運営主体別

学校総数 4,946校	公立学校2,733校　(55)				私立学校2,213校 (44)	
種別	州教育局	都市自治体	民族／社会福祉省	その他の省	被補助私立	無補助私立
数（比率）	922 (18)	1,811 (36)	0 (0)	0 (0)	258 (5)	1,955 (39)

出所　NUEPA (2011a) より筆者作成。( ) 内は学校総数に占める比率（単位：％）

し、2000年代以降政府の補助を受けず、有償で教育を提供する無補助私立学校が急速に拡大しており、2011年時点の無補助私立学校の比率(39%)は、MCD学校の比率(36%)を上回っている[45]。この比率は全国で最も高く、デリーでは無補助私立学校の存在感が大きいことを示している。無補助私立学校、MCD学校に次いで多いのは、州教育局が運営する州立学校である (18%)。既述のとおりインドの私立学校の中には、政府からの補助を受けて教育の無償化が進められている被補助私立学校もあるが、その比率はわずか5％にとどまっている。

ところで、本研究で分析する無認可学校は、大きく分けると無補助私立学校に分類されるが、これらの学校は県教育情報システムのデータには含まれていない。というのは、県教育情報システムはおもに政府が認可した学校のみを対象としているからである。デリーの無認可学校については、2008年のデリー高等裁判所の命令を受けて、州レベルの調査が政府によってはじめて実施された。詳しくは後の章で述べるが、政府の調査結果を参考に推計すると、初等教育段階の無認可学校の数はデリーの全学校の約2割に相当する約1,200校にのぼる。県教育情報システムで確認された正規の無補助私立学校と非正規の無補助私立学校である無認可学校の数を足し合わせた無補助私立学校全体の数は、デリーで初等教育を提供する全学校数の約5割に及ぶ。すなわち、デリーの初等教育の実に半分が、有償で提供されているのである。デリーの無認可学校の実態については、次章以降で詳しくみていくことにしたい。

ここまでは、デリーで初等教育を提供する学校を運営主体別にみてきた。

表1-7は、これらの学校をさらに提供教育段階ごとに分類し、それらが全学校に占める数と比率を示したものである。

まず全体の中で圧倒的多数を占めるのが、MCDが運営する前期初等学校である (38.9%)。次いで多いのが、初中等一貫の無補助私立学校で、全体の10.6%を占める。初中等一貫の無補助私立学校は、富裕層や中間層を対象とする私立学校の典型である。全国レベルの調査では、これらの学校が初等教育を提供する学校全体に占める比率はわずか1.7%であったことを考慮すると、デリーでは富裕層や中間層を対象とする無補助私立学校がインドの中でもかなり普及している状況にあることがわかる。無補助私立学校は、前期初等学校と後期初等学校と初等一貫校を足し合わせた初等教育のみを提供する学校全体の中ではMCD学校に次いで多く、デリーにおける無補助私立学校の存在感がうかがわれる。

デリーで初等教育を提供する学校全体の中で、初中等一貫の無補助私立学校に次いで多いのは、デリー教育局の運営する後期初等～中等教育まで

表1-7 デリーの初等教育提供学校の数と比率—提供教育段階・運営主体別

提供教育段階	運営主体	都市自治体	州教育局	被補助私立	無補助私立
前期初等学校	数	1,801	90	63	442
	比率	38.9	1.9	1.4	9.5
後期初等学校	数	2	63	15	6
	比率	0	1.4	0.3	0.1
初等一貫校	数	50	20	42	464
	比率	1.1	0.4	0.9	10
後期初等～中等一貫校	数	5	472	73	46
	比率	0.1	10.2	1.6	1
初中等一貫校	数	17	349	117	492
	比率	0.4	7.5	2.5	10.6

出所 Mehta, A. C. (2011b) より筆者作成。比率は、デリーで初等教育を提供する学校総数に占める比率（単位：%）

の州立学校である。デリーでは、MCDが前期初等教育段階の公立学校を設置・運営し、デリー教育局が後期初等教育以上の州立学校を設置・運営するという役割分担がなされてきた。そのため、後期初等～中等一貫校のほとんどは、州教育局の運営する州立学校となっている。しかし、デリー教育局は、生徒の共通試験の結果が優れていた初中等一貫の無補助私立学校を模倣し、1990年代後半以降、学校の一貫校化を図ることで優秀な州立学校を生み出そうとしてきた[46]。その結果、デリーの初中等一貫校の中では、州立学校が無補助私立学校に次いで多い。デリー教育局が運営するこれらの初中等一貫の州立学校は、サルヴォダヤ学校[47]（「万人の上昇」を意味する）と呼ばれ、既存の後期初等～中等一貫は、これらの学校の登場によって非サルヴォダヤ学校と呼ばれている。

　県教育情報システムを含め、インド政府は私立学校を授業料にもとづき分類していないが、一般的に、私立学校の授業料は教育段階があがるに従い高くなるという傾向を考慮すると、無補助私立学校のうち、初中等一貫校は富裕層や中間層を対象とする高額私立学校や中額私立学校で、初等教育のみを提供する前期初等学校と初等一貫校の多くは、貧困層を対象とするLFP学校であるとみなすことができる。つまり、デリーの無補助私立学校は、その約3分の1が高額私立学校や中額私立学校（初中等一貫校492校）で、残りの約3分の2（前期初等学校442校、後期初等学校6校、初等一貫校464校を足し合わせた912校）がLFP学校であると推測される。これにもとづくと、本研究で分析するデリーの無認可LFP初等学校の数（約1,200校）は、貧困層を対象とする認可初等LFP学校の数を上回ることになる。以上の分析結果から、公式の教育統計ではカバーされていない無認可学校のインパクトはきわめて大きいことがわかる。

　ここまでは、デリーで初等教育を提供する学校を運営主体および提供教育段階別に分類し、各学校の数や比率に加え、おおまかな授業料と教育対象について確認してきた。これらの学校は、授業料や教育対象のみならず、教授言語や学習到達度などの面においても異なる様相を呈している。たとえば、デリーの学校の圧倒的多数を占めるMCDの前期初等学校は、ほとんどがヒ

ンディー語を教授言語としている。一方、無補助私立学校に関しては、その多くが英語を教授言語として用いている。初等教育段階では学習到達度を測定する共通試験が実施されていないものの、デリー教育局は、デリーの政府系学校の中ではMCDの運営する公立学校の生徒の学習到達度がとくに低いことを指摘している。デリー教育局がこのように指摘する理由のひとつとして、MCD学校に在籍する学習第一世代を含む多くの貧困層の子弟が上級段階にあがるにしたがいドロップアウトしていることがあげられる。実際、上級段階の教育を提供する州立学校はMCD学校より一般的に教員の質も生徒の質も高いとされている。

共通試験の実施されている中等教育段階については、政府が学校種別ごとの試験結果を公開している。これらの中には、サルヴォダヤ学校、非サルヴォダヤ学校、無補助私立学校、被補助私立学校に加え、1990年代後半、デリー教育局が貧困層を対象に質の高い教育を提供する目的で設置したプラティバ・ヴィカス学校と呼ばれる学校の結果も含まれている。

本研究のおもな分析対象は初等教育を提供する無認可LFP学校であるが、後述するように、調査をおこなった無認可学校の生徒の多くは、卒業後、正規の中等学校に進学していた。また、これらの中等学校の多くは初等教育も提供する一貫校である。したがって、中等教育段階の学校の分析は、デリーにおける一貫校の実態を理解する上でも、また調査対象校の生徒の卒業後の教育環境を把握する上でも役に立つと考えられる。以上をふまえ、以下では、中等教育を提供する学校の分析を通じてデリーの公教育制度の特徴を検討する。

(5) 階層化・序列化する学校

デリーには連邦政府が運営する中等学校も存在するが、序章でも説明したようにこれらの学校は特殊な位置づけにあり、その数はきわめて少ない。ここではデリー教育局の管轄下にある学校を中心に、中等教育を提供する各学校の特徴を分析する。デリーにおいて今日最も支持を集めている学校は、英語を教授言語とする私立学校、すなわち「イングリッシュ・ミディアム・パ

ブリック・スクール」である。富裕層や中間層を対象とする初中等一貫の無補助私立学校はこうした学校の典型例であり、質の高い教育を提供する学校の象徴とみなされている。

既述のとおり、デリーではこうした無補助私立学校を模倣する形で州立学校の改革が進められ、中等教育が多様化してきた。デリー教育局は、後期初等以降の教育を提供してきた非サルヴォダヤ学校を、最終的にはすべて一貫校化しサルヴォダヤ学校に転換する方針である。これらの学校は、教育提供段階が異なるという点以外に、多くの相違点がある。サルヴォダヤ学校は各地域の中心的な場所に設置され、教育設備や教員が優先的に配置されるほか、英語を教授言語とするコースが設置されている。またサルヴォダヤ学校では入学希望者が定員枠を超えるため、くじ引きで生徒を選考している。これに対して非サルヴォダヤ学校は低所得地域にあり、生徒の出自もこうした地域の状況を反映したものとなっている。これらの学校ではおもにヒンディー語が用いられている。

サルヴォダヤ学校、非サルヴォダヤ学校[48]に加え、デリー教育局は、1998年-1999年よりプラティバ・ヴィカス学校を運営している。プラティバは「才能」、ヴィカスは「開発」を意味する。プラティバ・ヴィカス学校は、社会経済的弱者の子弟に優れた教育機会を提供し、彼らの社会的地位向上を図る目的で設置された[49]。これらの学校は現在、19校設置されている。プラティバ・ヴィカス学校には、とくに優れた教員が配置されており、実験室やコンピューター・ルーム、図書館などの設備も中間層の子弟を対象とする私立学校に匹敵するものとなっている。ただし、これらの学校は、後期初等から後期中等教育段階までほぼ無償で教育を提供しており、教育費の面では、貧困層にもアクセス可能な学校となっている。

プラティバ・ヴィカス学校では、政府系学校に2年間在籍したことがある志願者に限定して、各教育段階（前期初等教育、後期初等教育、前期中等教育）の最終学年で学力試験を実施し、生徒を選抜している。デリー教育局が政府系学校の在籍経験者を選抜対象とするのには、これによって貧困層の中から生徒を選抜する仕組みを実現しようとする意図があると考えられる。ただし、プ

ラティバ・ヴィカス学校では、保護者の所得証明資料の提出が義務づけられておらず、筆者がプラティバ・ヴィカス学校の校長におこなった聞き取り調査では、生徒の大多数は、中間層出身者であることが明らかにされた。プラティバ・ヴィカス学校の事例もまた、公式のステートメントと実態との乖離がインドの公教育制度の特徴であることを明らかにしている。

続いて以下では、ここまで説明してきた異なるタイプの中等学校に在籍する生徒の学習到達度についてみていく。表1-8は、デリー教育局が分析した中央中等教育試験の合格者比率の結果である。インドでは、一般的に複数の試験委員会が試験を実施しており、同じ州の学校であっても学習到達度を比較することが困難となっている。これに対してデリーではほぼすべての学校が中央中等教育委員会のカリキュラムを採用しているため、異なる種別の学校に在籍する生徒の学習到達度を比較することが可能である[50]。

表1-8から読み取れるのは、まず第1に、プラティバ・ヴィカス学校の合格者比率が群を抜いて高いという点である。プラティバ・ヴィカス学校に対するデリー教育局の投資のあり方や生徒の選抜方法、生徒の合格者比率などから総合的に分析すると、これらの学校の目的は教育を通じた貧困層の社会的地位の向上ではなく、社会に広く浸透した「私立学校(とくに富裕層や中間層を対象とする無補助私立学校)の方が公立学校よりも質が高い」というイメージの払拭に置き換えられたと理解するのが妥当であろう。表1-8から読み取れる第2の点は、プラティバ・ヴィカス学校以外の州立学校、すなわちサルヴォダヤ学校と非サルヴォダヤ学校に関しては、前者の生徒の方が後者の生徒よりも合格者比率が高いという点である[51]。非サルヴォダヤ学校に関しては、デリーの中等学校の中で最も合格者比率が低い。プラティバ・ヴィカス

表1-8 2006年時点での後期中等教育段階の中央中等教育委員会試験の合格者比率
(単位:%)

政府系学校			被補助私立	無補助私立
プラティバ・ヴィカス	サルヴォダヤ	非サルヴォダヤ		
97.92	80.13	74.92	76.61	88.69

出所 Government of NCT of Delhi, DoE (2006) より筆者作成

学校、サルヴォダヤ学校、非サルヴォダヤ学校の合格者比率には、デリー教育局の教育投資の差が如実に反映されていることがわかる。第3に、無補助私立学校の生徒の合格者比率とプラティバ・ヴィカス学校以外の州立学校のそれとの間には大きな開きがあることがわかる。プラティバ・ヴィカス学校はデリーに19校しか存在しない例外的な学校であり、デリーで中等教育をおこなう学校のほとんどは、サルヴォダヤ学校か非サルヴォダヤ学校、あるいは無補助私立学校である。そのため、デリーでは無補助私立学校の方が州立学校よりも質の高い教育を提供しているというイメージが依然として強い[52]。第4の点は、被補助私立学校の生徒の合格者比率は、デリーの中等学校の中で最も合格者比率が低い非サルヴォダヤ学校のそれをわずかに上回る程度であるという点である。従来、被補助私立学校は、中等教育を提供する学校の中でも質が高い学校として評価されてきた。しかし、無補助私立学校やプラティバ・ヴィカス学校、サルヴォダヤ学校の出現によって、これらの学校の質は相対的に低下したことが学校関係者の間で指摘された。

　1点注意しておきたいのは、ここでみた無補助私立学校の生徒の学習到達度の結果は、中等教育段階の生徒の学習到達度であり、デリーに多く存在する初等教育のみを提供する無補助私立学校の生徒のそれを反映したものではないという点である。中等教育を提供する無補助私立学校はおもに富裕層や中間層の子弟を対象とする高額・中額私立学校であり、ここには貧困層の子弟がほとんど含まれていないと考えられる。したがって貧困層を対象とするLFP学校が多く存在する初等教育段階で共通試験が実施された場合、学校間の序列関係は表1-8とは異なる様相を呈する可能性がある。

　ここまでは、デリーの中等教育が無補助私立学校の拡大とそれにともなう州立学校の改革によって多様化してきたこと、またこうした改革は富裕層や中間層を対象とする初中等一貫のイングリッシュ・ミディアム・パブリック・スクールを模倣するように、教授言語の英語化や一貫校化、学力試験の導入によって進められてきたことを明らかにした。デリーの公教育制度はその結果、初中等一貫のイングリッシュ・ミディアム・パブリック・スクールを頂点に序列化する州立学校が続き、底辺にMCD学校を置くという階層的構

造を呈することになったのである。

4. まとめ

　本章では、インドにおける初等教育の普遍化政策の歴史的変遷とインドの公教育制度の構造的特徴について分析してきた。インドでは植民地時代より無償義務教育法の執行による就学促進が目指されてきたが、政府の財政難、国民の貧困などの理由でこの実現は困難であった。インドの社会政策の基本原理を示す憲法の指導原則に従い、無償義務教育法を制定する州もあったが、これらの法は、就学免除を合法的に認めるさまざまな例外規定を定めていた。この例外規定は、子どもを就学させる保護者の義務不履行のみならず、政府の義務教育の不履行を正当化するものであり、各州が制定した無償義務教育法の効力を弱めた。

　教育の普遍化を無償義務教育法の執行によって実現しようとするアプローチの限界が明らかとなり、これに代わる方法として、公立学校や被補助私立学校を中心に教育の無償化や制服・教科書・給食の無償提供をおこなうインセンティブ政策が実施されることとなった。また1990年代には初等教育の普遍化に向けた諸施策が導入され、学校や教室の増設、教員の増員が進み就学率は確実に向上した。しかし、政府が学校統制を適切におこなってこなかったため、成果につながる教育が施されず、実態をともなわない教育の普遍化が進んだ。インドにおける教育の普遍化政策とその実施状況からは、インドの教育制度が公式のステートメントと実態との間の乖離を特徴としていることが再確認された。

　2010年に施行されたRTE法は、この乖離を埋めようとするものである。しかし、RTE法は近年導入されたばかりの法であり、公立学校の教育の質の問題は依然としてインドの初等教育における中心的課題となっている。一方、インドでは国民の所得向上を背景に、有償教育をおこなう無補助私立学校が拡大している。これらの学校の中には、富裕層や中間層の子弟を対象とする高額・中額の私立学校に加え、貧困層の子弟を対象とするLFP学校も含ま

れる。無補助私立学校が急速に拡大するデリーでは、公立学校に対する信頼回復を図るため、州立学校改革が進められてきたが、その改革は、教授言語の英語化や学校の一貫校化、入学試験の導入など、富裕層や中間層対象の私立学校を模倣し、州立学校の階層化・序列化を進めさせるものであった。その結果、デリーの公教育制度は、富裕層や中間層の子弟を対象とする初中等一貫のイングリッシュ・ミディアム・パブリック・スクールを頂点に序列化する州立学校が続き、多くの学習第一世代が集まるMCD学校を底辺に置くという階層的構造を形成してきた。

　本章では、インドの公教育制度について分析してきた。しかし、インドの教育にはこうした制度とは別に「影の制度」という制度が存在する。この「影の制度」は、貧困層の間で拡大する無認可LFP学校を中心に置く制度である。デリーでは、この無認可LFP学校をめぐって子どもの教育保障に関する活動をおこなうNGO、ソーシャル・ジュリストが2005年に訴訟を提起し、無認可学校に対する政府の統制義務やこれらの学校の法的正当性がデリー高等裁判所で議論された。次章では、これらの議論を分析し、インドの教育における「影の制度」の実態に迫る。

[注]
1　Government of India (GoI), Ministry of Law and Justice, Legislative Department (2009) *The Right of Children to Free and Compulsory Education Act, 2009*. National Informatics Centre (NIC), India. http://mhrd.gov.in/sites/upload_files/mhrd/files/rte.pdf（最終アクセス日：2013年11月1日）
2　Desai, D.M. (1953) Universal, Compulsory and Free Primary Education in India. Bombay: Indian Institute of Education.
3　弘中和彦(1976)「植民政策における教育の重視と民族教育運動の興隆(1901-1921)」世界教育史研究会『世界教育史体系6―東南アジア教育史』講談社、p. 261。
4　第36条〜51条まで。
5　宮野良一(1982)「インド教育行政の形成と展開―オリッサ州を中心にして―(1)」芦屋大学『芦屋大学論叢』No.10、p. 151。
6　第12条〜35条まで。
7　Juneja, N. (2012) India's Historic 'Right to Free and Compulsory Education for Children Act 2009' –The Articulation of A New Vision Right to Education in India, *Center for Integrated Area Studies Discussion Paper Series*, 24, pp. 5-15.

8　ジュネジャ（Juneja）はインドの州／連邦直轄地の約半数が義務教育法を制定していないと指摘する。Juneja, N. (2003) *Constitutional Amendment to Make Education a Fundamental Right, Issues for a Follow-up Legislation.* New Delhi: National Institution of Education Planning and Administration (NIEPA) , p. 39.

9　これらの州が制定した法には、アッサム初等教育法（the Assam Elementary Act, 1969）、ラジャスタン初等教育法（the Rajasthan Primary Education Act, 1964）、西ベンガル年初等教育法（the W.B.Urban Primary Education Act, 1963）、マイソール義務教育法（the Mysore Compulsory Education Act, 1961）などがある。Juneja, N. (2003) *op. cit.,* pp. 12-13, p. 19.

10　Government of National Capital Territory (NCT) of Delhi, Directorate of Education (DoE) (n.d.) *The Delhi Primary Education Act,* 1960.

11　デリー初等教育法第9条では、第10条に規定されている欠席に関する妥当な理由がない限り、すべての保護者は子どもを認可学校に出席させる責務があることが記されている。また第13条の第2項では、欠席に関する妥当な理由が認められない未就学児童の保護者に対して、政府は出席命令を出すことが定められている。さらに、第18条第1項では、保護者が出席命令に従わない場合には、Rs.2以内の罰金が課され、違反が継続された場合には、毎日50パイサ（Rs. 0.5に相当）以下の罰金を追加徴収することが規定されている。*Ibid.*

12　ジュネジャは、州政府の制定した義務教育法のもとでは、政府は義務教育の実施責任を果たす必要性に迫られることはなく、また政府が義務教育を実施しなかった場合、人々が教育を権利として要求することはできなかったと指摘している。Juneja N. (2012) *op. cit.,* p. 6.

13　インドでは植民地期より、インセンティブの導入が議論されてきた。1921年には、無償教育の実施に加え、制服、給食や保健サービスの無償提供、奨学金制度の導入や寮の設置が、指導者の間で支持されていたNaik, J.P. (1975) *Policy and Performance in Indian Education.* New Delhi: K.G. Saiyidain Memorial Trust, p. 13, p. 33.

14　ジェネジャはインドの教育制度の基盤形成に影響を与えた1968年と1986年の教育政策において、「義務」という文言がみられないことを指摘している。また連邦政府の年次報告書などでは、「万人の無償義務教育の導入」が「教育の普遍化の目標達成」と置き換えられ、「義務初等教育に関する全国セミナー」は、「初等教育に関するセミナー」に改名されたことを指摘している。Juneja, N. (2003) *op. cit.,* p.25.

15　*Ibid.,* pp. 20-22. 保護者の就学義務の不履行に対する提訴は1950年代以降減少傾向にある。

16　ラジャスタン州のロック・ジャンビッシュ（Lok Jumbish）や、ウッタル・プラデーシュ州のマヒラ・サマキヤなど、教育の普遍化を実現するためのさまざまなプログラムが実施された。詳しくは、以下を参照されたい。小原優貴「インド・ラジャスタン州における初等教育プログラム―Lok Jumbishを事例として」『アジア教育研究報告』京都大学大学院教育学研究科比較教育学研究室、第4号、pp. 15-34、2003年。小原優貴「インドにおけるダリット女性のエンパワーメント―農村地域のインフォーマル

教育を事例に」『アジア教育研究報告』京都大学大学院教育学研究科比較教育学研究室、第8号、pp. 24-35、2007年。
17　パラ・ティーチャー（Para-teacher）と呼ばれる。「契約教員」制度は、ボランティア教員を正式な教員として雇用する県初等教育プログラムで採用された制度である。財源のひっ迫する政府が低コストで教育の普遍化を実現する手段として採用されたと考えられる。契約教員の雇用は教育の普遍化を進めるものの、多くの州政府が教育の質に与える影響を考慮しないまま、これらの教員を雇用しているとティラク（Tilak）は指摘している。常勤教員よりも契約教員の方がコミットメントが高いという意見も聞かれる一方、契約教員はモチベーションが低いと指摘する者もおりさまざまな評価がある。
18　2008年-2009年時点の県教育情報システムの報告書によると、「一人教員学校」は前期初等教育段階で最も多く、その比率は全体の13％を占めている。Mehta, A.C. (2011a) *Elementary Education in India: Progress Towards UEE: Analytical Report 2008-09.* New Delhi: National University of Educational Planning and Administration, NUEPA. http://www.dise.in/Downloads/Publications/Publications%202008-09/AR%202008-09/Introduction.pdf（最終アクセス日：2013年11月1日）
インドの教員のタイプや人数などに関しては以下の報告書に詳しい。National Council of Educational Research and Training, NCERT (2007b) *Seventh All India School Education Survey, Teachers and Their Qualifications.* New Delhi: NCERT. http://www.ncert.nic.in/programmes/education_survey/pdfs/Teachers_and_Their_Qualifications.pdf（最終アクセス日：2013年11月1日）
19　教員給与の上昇にともない、教員は自らをミドル・クラスとして認識し、生徒に共感できにくくなっているという。またかつてのようにコミュニティーの一員として保護者と協同で学校づくりをおこなうことがなくなってきたという。De, A., Khera, R., Samson, M. and Shivakumar, A.K. (2011) *Probe Revisited: A Report on Elementary Education in India.* New Delhi: Oxford University Press.
20　教育行政官は規範や基準を満たしているかどうかを確認するだけで、公立学校に対して行政指導をおこなっていないという批判もある。Mehta, A.C. (2011b) *Elementary Education in India: Progress Towards UEE: Analytical Tables 2007-08.* New Delhi: NUEPA. http://www.dise.in/Downloads/Publications/Publications%202007-08/AR0708/Analytical%20Tables% 2007-2008.pdf（最終アクセス日：2013年11月1日）
21　Pratham (2012) Annual Status of Education Report (Rural) 2011. http://pratham.org/images/Aser-2011-report.pdf（最終アクセス日：2013年11月1日）
22　デリーで聞き取り調査をおこなった教員志望の女性は、「（無補助）私立学校では経営者にいつ不当に解雇されるかわからない。公立学校では解雇されることはない」と述べ、公立学校の教員の方が無補助私立学校の教員よりも職業として安定しているという見解を示した。さらに中間層の子弟を対象とするデリーのある私立学校グループの経営者は、「我々の学校では政府が規定する教員給与を支払っている。しかし、公立学校の教員ポストの採用試験に合格すれば、多くの教員は公立学校に就職すると思

23　キングドンとティール (Kingon and Teal) の研究はこの点について言及している。Kingdon, G. and Teal, F. (2002) *Does Performance Related Pay for Teachers Improve Student Performance? Some Evidence from India.* Massachusetts: Williams College.

24　これにともない、第4部指導原則第45条に記されていた無償義務教育に関する条文は削除することも検討された。しかし、0歳～14歳の子どものうち学齢児童以外の子ども、すなわち、就学前教育を受ける年齢にある児童の教育も重要であるという理由により、「政府は早期幼児保育と教育を6歳までのすべての子どもに提供するよう努力すべきである」という対象年齢のみを変更する修正が施された。

25　Juneja (2003) *op. cit.,* p. 38.

26　*Ibid.,* p. 42.

27　子どもの権利保護に関する州委員会の構成員は教育と子どもの権利に関する活動に長期にわたって従事してきた者で、州政府が任命することとなっている。

28　政府や保護者の義務を形骸化させる一要因となってきた例外規定はRTE法では定められていない。

29　教員一人に対する生徒数が低いほど教育の質が高いと考えられている。

30　全国標本調査機構の調査対象者 (5歳～29歳) の在籍教育段階別比率は、初等教育就学者49％、後期初等教育就学者24％、中等教育就学者20％、後期中等より上級段階の教育機関就学者7％となっている。各教育段階における学校種別ごとの就学者比率は、次のとおりである。前期初等教育段階：政府立学校67％、自治体立学校6％、被補助私立学校7％、無補助私立学校20％。後期初等教育段階：政府立学校65％、自治体立学校5％、被補助私立学校12％、無補助私立学校17％、中等教育段階：政府立学校56％、自治体立学校3％、被補助私立学校21％、無補助私立学校18％。

31　National Sample Survey Office (NSSO), National Statistical Organisation, Ministry of Statistics and Programme Implementation, Government of India (GoI) (2010) *Education in India: 2007-08 Participation and Expenditure. NSS 64th Round (July 2007-June 2008),* p.10. http://www.educationforallinindia.com/participation_and_expenditure_nsso_education.pdf (最終アクセス日：2013年11月1日)

32　無償義務教育段階ではない中等教育段階で、授業料を徴収していない学校が約半数近くあるということは注目に値する。

33　表内の「政府」には、連邦政府、州政府、そのほかの公的機関などが含まれる。「地方自治体」には、大都市の都市自治体や、小都市の市営委員会、指定地区委員会、農村の県議会などが含まれる。ここでは「政府」と「地方自治体」が運営する学校をあわせて政府系学校としている。

34　政府系学校では、「無償教育」受益者が約90％を占めるが、ここでいう「無償」とは「授業料が無償」であることを意味するため、保護者が授業料以外の教育費をどの程度負担しているのかは別途確認する必要がある。初等教育段階での政府系学校在籍者の

教育費支出がわかれば、当該学校における無償教育の実態を確認することができるが、全国標本調査機構の資料はこれを確認できるものとはなっていない。
35　全国標本調査機構では学校のインセンティブ受給者数を、運営主体別か教育段階別かのどちらかで提示しているが、初等教育段階の政府系学校に限定して分析すれば政府系学校におけるインセンティブ受給者の比率はもっと高くなるものと推測される。
36　Probe Team (1999) *Public Report on Basic Education in India.* New Delhi: Oxford University Press. De, A., Khera, R., Samson, M. and Shivakumar, A.K. (2011) *op. cit.*
37　給食支給はおもに前期初等教育レベルで実施されている（全体の受給者比率は、前期初等段階で67％、後期中等教育段階で29％）。
38　無償義務教育の受益者の比率を州別にみてみると、政府系学校の多い州ほど高く、無補助私立学校の多い州ほど低い。このことは、教育の無償化が政府系学校を中心に進められてきたことを反映している。また無償教育受益者の比率は、とくに非識字率やドロップアウト率の高いことが指摘されてきた農村の女子において高い。このことから教育の無償化政策は弱者層にターゲットを絞って実施されていることがわかる。
39　被補助私立学校は、質の高い教育を安い授業料で提供するために、政府から補助を受けてきた。しかし、デ、ノロンハ、サムソンは、被補助私立学校の供給が乏しく、ほとんどが中等教育を提供していることを指摘している。また、メロートラは、本来、貧困層のために活用されるべき公的資金が、授業料を支払う能力のある非貧困層出身者のために投資されていると批判している。De, A, Noronha, C. and Samson, M. (2005a) The New Private Schools, in R. Banerji and S. Surianarain (eds) *City Children, City Schools.* New Delhi: Pratham Resource Centre (in collaboration with UNESCO), p. 112.
40　教育計画の立案や教育プロジェクトの実施に役立つデータを蓄積・提供する。県初等教育プログラムを実施するにあたり、UNICEFと人的資源開発省の支援を受けて構築された。
41　NIEPA (2000) *Educational Administration in Delhi, Structures, Processes and Future Prospects.* New Delhi: Vikas Publishing House Private Ltd., p. 31.
42　デリー初等教育法では、授業料以外の教育費の徴収に関しては言及されていない。
43　第2章第5項には、(1) 教育行政はすべての子どもが第8学年を修了するかあるいは14歳に達するかいずれか早い時期までに、無償教育を受けられるよう適切な措置をとること、(2) 政府や都市自治体が運営・補助する学校は、子どもが第8学年を修了するかあるいは14歳に達するかのいずれか早い時期まで、授業料や教育に関するそのほかの費用を徴収してはならないことが定められている。Government of NCT of Delhi, DoE (1977) *The Delhi School Education Act, 1973 and the Delhi School Education Rules,* 1973. Delhi: Akalank, p. 19.
44　州教育局は、既存の州立学校約650校の約半数に相当する350校近くの学校に前期初等教育段階を導入し、第1学年から第12学年までの「初中等一貫校」に転換させた。教育段階ごとに分離していた前期初等教育とそれ以降の教育を制度的に接続することで、子どもの発達を長期的な連続性の中で捉えることができるというメリットを活か

すとともに、生徒のスムーズな進学を実現することが一貫校化のねらいであると考えられる。

45　2006年-2007年時点では、都市自治体の設置する公立学校の比率の方が無補助私立学校の比率を上回っていた。Mehta, A.C. (2008) *Elementary Education in India: Progress Towards UEE: Analytical Tables 2006-07.* New Delhi: NUEPA. http://www.dise.in/Downloads/Publications/Publication%202006-07/AR0607/Analytical%20Tables%202006-07.pdf（最終アクセス日：2013年11月1日）

46　デリー教育局はこれらの学校の設立にあたって、「私立学校でおこなわれているように、同じ屋根の下で学ぶ子どもに第1学年から第12学年までの質の高い教育を提供することを目指す」という見解を示している。Government of NCT of Delhi, DoE (n.d.) *Vision of Directorate of Education* http://www.edudel.nic.in/welcome_folder/aboutdep.htm（最終アクセス日：2013年11月1日）

47　サルヴォダヤ（Sarvodya）とは「万人の上昇（universal uplift）」もしくは「全体の覚醒（awakening of all）」を意味する。サルヴォダヤ学校の多くは初中等一貫校であるが、一部例外もある。

48　サルヴォダヤ学校と非サルヴォダヤ学校はさらに提供教育段階および対象生徒のジェンダー（男女別学と男女共学）によって分類される。一貫制学校であるサルヴォダヤ学校には、男女共学のサルヴォダヤ学校（Sarvodaya Vidyalaya）、サルヴォダヤ男子学校（Sarvodaya Bal Vidialaya, SBV）、サルヴォダヤ女子学校（Sarvodaya Kenya Vidialaya, SKV）、サルヴォダヤミドル・スクール（Sarvodaya Middle School, SMS）、サルヴォダヤ中等学校 (Sarvodaya Secondary School)がある。非サルヴォダヤ学校については、男女共学のミドル・スクール（Government Middle School, GMS）、中等学校（Government Secondary School, GSS）、後期中等学校（Government Senior Secondary School, GSSS）、男子ミドル・スクール（Government Boys Middle School, GBMS）、男子中等学校（Government Boys Secondary School, GBSS）、男子後期中等学校 (Government Boys Senior Secondary School, GBSSS)、女子ミドル・スクール（Government Girls Middle School, GGMS）、女子中等学校（Government Girls Secondary School, GGSS）、女子後期中等学校 (Government Girls Senior Secondary School, GGSSS)などがある。デリー教育局の報告書などではこうした略称が説明もなく用いられることが多い。敷地面積が限られているデリーでは、ひとつの学校で午前は女子対象に、午後は男子対象に教育をおこなうことで就学人口の増加に対応している。午前シフトと午後シフトの校長・教員・生徒は完全に異なり、実質的に男女別学になっている。こうしたジェンダーにもとづく二部制の導入はインドの中でもデリーに固有のものとなっている。ただし、ジェンダーで分けているのは文化的理由からでもなければ、保護者からの要求があったからでもないことが、州政府行政官に対する聞き取り調査によって確認されている。

49　これと同様、ニューデリー市議会は、貧困層の中でも才能のある子どもを対象とする学校として、ナヴユグ・スクールを1979年より運営している。ニューデリー市議会は原則、前期初等教育のみを提供しているが、ナヴユグ・スクールでは例外的に後

期初等から後期中等までの教育を提供している。
50 押川文子 (1998)「『学校』と階層形成」『現代インドの展望』岩波書店、pp. 125-148。
51 中央中等教育試験の結果は、学校が男子校であるか女子校であるか、あるいは共学であるかによっても差がみられ、とくに、男子校の合格者比率が低い傾向がある。デ、ノロンハ、サムソンは、男子校の生徒が「学校では教えてもらっていない、ぶたれるばかりだ」と述べる一方、女子校では教員の欠勤や暴力も少なく、生徒はより多くの指導を受け、保護された環境にある実態を明らかにしている。De, A., Noronha, C. and Samson, M. (2005b) *On the Brink of Adulthood.* New Delhi: Collaborative Research and Dissemination (CORD), India. http://cordindia.com/images/adolescent_report.doc（最終アクセス日：2013年11月1日）p. 44, p.53. また筆者が学校関係者や保護者におこなった聞き取り調査では、男子校の生徒はとくに「行儀が悪い」ことが問題とされる一方、女子に関しては総じて、成績が良いと認識されていることが明らかとなった。以上のことから、デリーの中等教育段階における男女別学制は、男子校・女子校に固有の学校文化を形成しており、こうした学校文化は学習到達度にも影響を与えていることがわかる。すなわち、デリーでは、ジェンダーによって受けられる教育の質が異なるという状況が生まれているのである。
52 ただし、近年、州立学校の試験合格者比率は全体的に上昇傾向にあり、私立学校と州立学校の合格者比率の差は縮小傾向にある。しかし、州立学校関係者によると、これは州立学校の教員が生徒に試験の解答を非公式に教えていたからであるという。

第2章
デリーの無認可学校の
法的正当性

　2005年、子どもの権利保障問題に取り組むNGO、ソーシャル・ジュリストは、政府の統制下にない無認可学校がデリーに多く存在していることを指摘し、認可条件を満たさない無認可学校の閉鎖を要求する訴訟(公共益に関する訴訟)を提起した。ソーシャル・ジュリストはその訴状において、無認可学校は違法であり、子どもの教育権を侵害していると主張した。これを受けて、デリーでは、これまで公的な場で議論されることがなかった無認可学校に対する政府の統制責任やその方針、これらの学校の法的正当性と社会的意義を争点とする裁判が展開された。本章では裁判の議事録を含む関連文書[1]と筆者が各関係者におこなった聞き取り調査の結果を手がかりに、無認可学校に対する各行為主体の見解について分析する。ここではとくに、無認可学校の存在を否定するソーシャル・ジュリストと無認可学校を擁護したデリー私立学校協会、そしてこれらの学校を統制する立場にあるデリー連邦首都圏教育局(以下、デリー教育局)などの政府関係者の見解を分析する。本章では一連の議論を通じて、デリー高等裁判所および最高裁判所がどのような判決を下したのかについても明らかにする。さらに、無認可学校の法的正当性と社会的意義を主張した協会が、認可私立学校と無認可学校によって構成されていた点に着目し、両者の関係性を分析する[2]。

1. デリー高等裁判所における無認可学校の統制をめぐる議論

　ソーシャル・ジュリストは、デリーの弁護士や社会活動家らによって構成されるNGOであり、社会的弱者の権利保障を目的として、教育や医療の分野で多くの公共益に関する訴訟を提起してきた経験をもつ。ソーシャル・ジュリストの発言や活動内容はインドの新聞やテレビなどのメディアでも頻繁に取り上げられており、自らもブログやホームページを開設し、専門家としての見解を積極的に発信している[3]。ここでは、まずソーシャル・ジュリストが公共益に関する訴訟を提起するきっかけとなった事件について説明し、その上で無認可学校に関するソーシャル・ジュリストの見解を確認する。次いで、ソーシャル・ジュリストの訴状を受けて、デリー教育局などの政府関係者がどのよう見解を示し、それをふまえてデリー高等裁判所がどのような判決を下したのか確認する。

(1) 無認可学校反対派の見解

　2005年12月、南デリーのある建物を違法に利用してスプレー塗料の加工をおこなっていた男性2名が、作業中、化学物質の爆発によって死亡する事件が起こった。この建物では学校も運営されており、事件当時100人以上の生徒が教室で学んでいた。幸い、これらの子どもたちはみな無事であることが確認され、メディアはこの「奇跡的脱出」を報じた。その1週間後、今度は東デリーのある建物で12名の死者を出す火災事件が発生した。この建物でも学校が運営されており、生徒100人以上の命が脅かされた。各新聞社はこれらの学校がいずれも政府の認可を得ていない無認可学校であったことを明らかにした。

　2つの事件に関する新聞記事は、子どもの権利保障問題に取り組んでいたソーシャル・ジュリストの目に留まった。ソーシャル・ジュリストは、これをきっかけにデリーに展開する無認可学校の調査を開始し、その結果をふまえ、無認可学校の閉鎖を要求する訴訟(公共益に関する訴訟)を提起した。ソーシャル・ジュリストが作成した訴状では、約1万校の無認可学校がデリーに

存在し、その多くが危険な建物内に設置されていること、そしてこれらの学校はデリー学校教育法規の定める認可学校の条件を満たしておらず、適切な広さの校庭や図書室、実験室を有していないことが指摘された。さらに、適切な資格をもたない教員を低賃金で雇用しており、設備が粗末であるにも関わらず、不当な額の教育費を徴収していることが述べられた。以上の点をふまえ、ソーシャル・ジュリストは、無認可学校をサブ・スタンダードな教育ショップであると説明した。そして、現行のデリー学校教育法規のもとでは、そこに規定された学校認可条件を満たす「認可学校」のみが学校として存続可能であり、これらの条件を満たしていない学校は違法であると主張した。

訴状ではさらに保護者が無認可学校を認可学校と誤認したり、適切な修了証明書をもたない無認可学校の卒業生が、認可学校への入学を拒否されたりしていることが指摘された。以上をふまえ、ソーシャル・ジュリストは、学校が保護者や子どもを騙し搾取していると主張し、政府がこれらの学校を管理統制できていないことを批判した。そして、デリー教育局およびデリー都市自治体に対して、デリーに展開する危険かつ違法な無認可の私立学校を特定し、これらの学校を閉鎖するよう要請した。

ソーシャル・ジュリストが起こした訴訟は、以下の重要な論点を提起した。まず第1に、そもそも無認可学校は、現行のデリー学校教育法規のもと存在しえるのかという点である(無認可学校の法的正当性)。第2に、デリー政府が統制対象とする「学校」は、無認可学校を含むのかどうかという点である(無認可学校に対する政府の統制責任)。そして第3に、もし無認可学校が政府の統制対象であるならば、これらの学校をいかなる手続きによって統制すべきなのかという点である(無認可学校に対する政府の統制方針)。以下ではこれらの点がデリー高等裁判所においてどのように議論されたのかみていく。

(2) デリー教育局の見解とデリー高等裁判所の判決結果

デリー高等裁判所では、まず無認可学校に対する政府の統制責任が検討された。デリー教育局は、学校から認可申請を受けた場合には、デリー学校教育法規第4章(第49規約-第57規約)「学校の認可」にもとづき、適切な手続き

をおこなっていることを明らかにした。ただし、デリー学校教育法規には無認可学校に関する規定がなく、デリー教育局はこれらの学校を統制する権限をもっていないこと、したがって当局が統制する「学校」は当局が認可した学校のみであるという見解を示した。裁判では、デリー教育局の見解の妥当性を検討するため、デリー学校教育法規第3項「学校教育を統制する行政官の権限」が参照された。そこには、教育行政官がデリーのすべての学校の教育を統制する権限をもつことが定められていた。問題は、ここでいう「すべての学校」が、デリー教育局に認可された学校のみを意味するのか、あるいは無認可学校をも含むのかという点にあった。この点について、デリー教育局の弁護人を務めたミダ(Midha)氏は、当局を擁護する立場にありながら、「デリー教育局は、無認可学校を含むデリーの学校すべてを統制する権限・責任をもつ」と主張し、当局とは異なる見解を示した。そして、「デリー学校教育法規が認可学校と無認可学校というふたつのタイプの学校の共存を認めているという認識は完全に誤っている」と述べた。

　以上をふまえ、デリー高等裁判所は、デリー教育局の間違った認識が、学校教育開発の計画的な統制と組織化を目指すデリー学校教育法規の仕組みを崩壊に導いたと結論づけた。そして、政府の責務不履行によって無認可学校が出現したことを認めつつも、商業的な利潤目的で教育をおこなうこれらの学校は容認できないという見解を示した。これによって、デリーの無認可学校は法的正当性を否定されることになった。2008年2月、デリー高等裁判所は、政府当局に無認可学校を統制させるため、デリーに存在する無認可学校の実態調査をおこない、その結果を6ヶ月以内に行動報告書として提出するよう指示した。これによって政府による無認可学校の調査がはじめておこなわれることになった。また高等裁判所は、無認可学校の認可申請を促す通達を出し、申請をおこなった学校のうち認可条件を満たしていない学校や、認可申請をしない学校を閉鎖するよう教育当局に命じた。ただし、裁判所は無認可学校に在籍する子どもに配慮し、これらの学校を直ちに閉鎖させるのではなく、認可条件を満たすための準備期間として6ヶ月の猶予を与えた。しかし、零細資本の無認可学校がデリー学校教育法規に定められた敷地面積

や教員給与などの認可条件を6ヶ月の間に満たすことは不可能に近かった。

　こうして法的正当性が否定されたデリーの無認可学校は、閉鎖の一途を辿るかのようにみえた。しかし、2008年8月、デリー高等裁判所の判決を不服とするデリー私立学校協会が、判決の執行猶予を求める特別許可訴状を最高裁判所に提出し、無認可学校の法的正当性やその統制方針についてこれまでとは異なる見解を示した。次節ではこの私立学校協会と無認可学校の関係性について確認するとともに、協会が示した見解について検討する。

2. デリー私立学校協会による特別許可訴状の提出

　デリー高等裁判所の判決を受けて無認可学校が取った行動は、デリーの認可私立学校の多くが加盟するデリー私立学校協会と提携することであった。筆者はデリーの無認可学校92校を召集し、これらの学校をデリー私立学校協会との提携にまで導いたα校経営者に聞き取り調査をおこなった。α校はデリー北部に設置された無認可学校であった。一方、協会は協会登録法のもと公式に認定された組織であり、私立学校に対する統制方針をめぐり政府と交渉を重ねてきた経験を有していた。α校経営者は、「裁判のような公的な場では、無認可学校の集団としてではなく、認可私立学校を含む私立学校の集団として高等裁判所に訴えることが重要であった」と述べ、協会との提携によって無認可学校に閉鎖を強いるデリー高等裁判所の判決結果を覆そうとしたことを明らかにした。α校経営者の発言からは、デリーの無認可学校が、認可私立学校と戦略的に提携することで、組織として不確実な自らの存在をカムフラージュしようとしたことが読み取れる。この事実は、組織が自らの正当性を高めるために、より正当化された組織に同一視されるよう試みると指摘するガラスキュビッツ（Galaskiewicz）の主張とも一致している[4]。

　一方、協会側にも、これらの無認可学校に協力するそれなりの理由があった。筆者との聞き取り調査において、協会代表は、加盟する認可私立学校の経営者のほとんどが無認可学校を同時に運営していることを明らかにした。この事実は、デリーの無認可学校の問題は、認可私立学校にとって無関係な

問題ではないことを示唆した。こうして、無認可学校をメンバーに含む協会は、「デリーに存在する250校近くの認可私学校および無認可学校によって構成される組織」として、判決の執行猶予を求める特別許可訴状を最高裁判所に提出したのである。以下では、この訴状を参考に、デリー高等裁判所の判決に対して協会がどのように異論を唱えたのかみていく。

協会はまず、デリー高等裁判所が参考にしたソーシャル・ジュリストの見解や主張は、新聞記事や、（協会によると）約3,000校あるデリーの無認可学校のうちわずか10校を1日で調査した結果に依拠したものであり、そこには当事者である無認可学校の見解が十分に反映されていないことを指摘した。また、デリーの学校の統制責任をもつデリー教育当局に対して、無認可学校の統制方針を検討する機会を与えないまま、デリー高等裁判所が当局にこれらの学校の統制方針を命じたことを批判した。その上で、無認可学校の展開する地域は、スラム地区や無認可地区などの低所得地域であり、これらの地域では公立学校が不足しているか、あるいは機能不全状態にあること、そして無認可学校はこうした地域で、（富裕層や中間層の子弟を対象とする）認可私立学校よりも安い授業料で、公立学校よりも質の高い教育を貧困層の子弟に提供していることを述べた。さらに、ソーシャル・ジュリストの主張とは反対に、保護者は学校が無認可学校であることを認識した上で、質の高い教育を求めてこれらの学校に子どもを通わせていると説明した。そしてこれを補足するように、公立学校と低額私立学校 (Low-fee Private[LFP] Schools) の比較調査をおこなったトゥーリーとディクソンの研究を参照し、無認可学校は教員のコミットメントや生徒の学習到達度の面で公立学校よりも優れているという調査結果があることを主張した[5]。以上をふまえ、協会は、無認可学校の活動がインド政府の教育の普遍化に向けた教育政策に寄与しているという見解を示した。

協会はまたデリー学校教育法規第141条を参照して、無認可学校の法的正当性について言及した。第141条には、「認可学校に在籍していなかった児童が、第2学年から第8学年（初等教育最終学年）の間に認可学校への入学を申請する場合、その両親あるいは保護者は児童が過去に受けたすべての教育歴

を報告すること、また児童が認可学校に在籍したことがないことを正式に証明する宣誓供述書を非司法印紙[6]上に作成し、さらに（その）供述書に児童の正確な出生日を記載する必要がある……」ことが定められている。この法規からデリーでは認可学校に在籍したことのない子どもが想定されていることがわかる。ただし、法規には無認可学校の定義や位置づけが明確に定められていたわけではなかった。しかし、協会はこの条文を根拠にデリー学校教育法規が第8学年まで認可学校に在籍しない子どもの存在を想定しており、それゆえ初等教育段階では無認可学校は存在しうると主張した。協会はさらに、デリー高等裁判所が示した現行法の認可条件を基準とする無認可学校の統制方針は、これらの学校の多くを閉鎖に追い込むことになり、その結果、そこに在籍する子どもたちは機能不全状態にある公立学校への編入学を余儀なくされるか、最悪の場合（公立学校が近くにない場合）、教育を受ける機会を失うことになると主張した。その上で、政府が無認可学校を統制するのであれば、これらの学校が認可条件を満たせない構造的理由を考慮し、認可条件の緩和を視野に入れた新たなガイドラインを策定すべきであると述べた。

以上、ここまでみてきたソーシャル・ジュリストとデリー私立学校協会の

	ソーシャル・ジュリスト（反対派）	デリー私立学校協会（支持派）
●無認可学校の活動に対する認識	●教育ビジネス ●サブ・スタンダードな教育ショップ	●教育活動 ●政府の役割を補完
●保護されるべき権利	●安全な環境で学習する子どもの権利 ●有資格教員のもと教育を受ける子どもの権利	●子どもの教育へのアクセス権 ●コミットメントのある教員の下教育を受ける子どもの権利
●学校教育法規の下存続可能な学校	●認可学校と無認可学校	●認可条件の緩和（新たな認可条件の設置）
●無認可学校の統制方針	●認可学校	●認可申請あるいは閉鎖

図2-1　無認可学校の統制をめぐるソーシャル・ジュリストと協会の見解の相違
出所　筆者作成

主張や見解を整理すると、**図2-1**のようになる。

こうして整理してみると、ソーシャル・ジュリストと協会の間でみられた主張や見解の相違は、それぞれが目指す教育制度の発展のあり方、あるいは学校の正規化のあり方が根本的に異なっていたがために生じていたことがわかる。公式の規則に即した教育制度の発展を展望するソーシャル・ジュリストは、デリー学校教育法規に定められた認可条件にもとづき学校の正規化を図り、それによって子どもの権利を保障しようとした。これに対して、実態に即した教育制度の発展を展望する協会は、教育の本質は学校認可条件の充足よりもむしろ、教員と子どもの間の相互作用の過程で実現し、これによって子どもの権利が保障されるという認識に立つ。両者の見解の相違は、弁護士と学校経営者というそれぞれの立場の違いを反映しているともいえる。

ここまでは、ソーシャル・ジュリストと協会の見解の相違に着目しつつ、裁判における争点を分析してきた。以下では、協会の主張を受けて、最高裁判所が下した判決内容を確認する。

3. 最高裁による無認可学校の法的正当性の承認

デリー私立学校協会の特別許可訴状が最高裁判所に提出されてまもなく、デリー教育当局は、無認可学校の統制方針に関する政府の見解を示す行動報告書を作成した。この報告書では、政府当局が協議をおこなった結果、無認可学校は貧困層の子どもの教育ニーズに応えており、これらの学校がデリーで存在する余地はあるいう判断がなされたこと、そして認可申請をしない学校はデリー学校教育法規第141条にもとづき存在しうるという結論に至ったことが明らかにされた。つまり、デリー政府は、無認可学校の法的正当性のみならず、これらの実態としての正当性も認めたのである。報告書ではまた、無認可学校の教育設備や教員の整備を促進する目的で、デリー教育局やデリー都市自治体などの政府機関によって構成されるガイドライン策定委員会が設置されたことが明らかにされた。最高裁判所はこの報告を受け、デリー学校教育法規が無認可学校の存在を認める内容となっていることに疑念を示

しながらも、2009年4月2日、無認可学校の閉鎖を命じたデリー高等裁判所の判決の取り下げを言い渡した。そして、デリー教育局およびデリー都市自治体が実施中の無認可学校の実態調査の結果が明らかとなり、政府のガイドライン策定委員会がこれらの学校の統制方針を最終決定するまで（そのための期間は、6ヶ月とされた）、無認可学校を閉鎖しないよう命じた。最高裁判所の判決内容は、デリーの無認可学校の法的正当性を正式に承認するものであった。ただし、無認可学校が無規則状態の中、存続・発展している状況は問題であるという判断から、最高裁判所はこれらの学校の統制指針となるガイドラインの策定を政府に委ねたのである。

4. 最高裁判決後の政府の対応

　ガイドライン策定委員会は、最高裁判所の判決から6ヶ月以内に、無認可学校に関するガイドラインを提出するはずであった。しかし、6ヶ月を過ぎても委員会がガイドラインを提出することはなかった。2009年11月、筆者は、ガイドライン策定委員会のメンバーであるデリー教育局の行政官を訪ね、最高裁判所の判決以降の進展状況を確認した。すると行政官からは、「（判決以来、）無認可学校の統制方針に関する検討はされておらず、新たな進展はない」というきわめて率直な回答が返ってきた。行動報告書では、無認可学校の統制に意欲的な姿勢をみせたデリー教育局であったが、実際の対応はきわめて消極的であった。

　筆者は続いて、無認可学校を統制する必要性を一貫して主張してきたソーシャル・ジュリストに聞き取り調査をおこない、事態の進展を促すよう最高裁判所に催促しないのか尋ねた。ソーシャル・ジュリストはこの質問に対して、「無認可学校の統制については政府に権限があると最高裁判所が認めた以上、我々ができることは何もない」と回答し、これ以上、本件に関与する意図がないことを明らかにした。またデリー私立学校協会の弁護人としてデリー高等裁判所の判決に立ち会ったG氏に聞き取り調査をおこない、最高裁判所がデリー教育局に無認可学校の統制方針を提示するようはたらき

かける可能性を確認した。するとG氏は「何らかの外的アプローチがない限り、最高裁判所が政府に催促することは考えられない」と述べた。さらに筆者は、最高裁判決後、無認可学校の運営状況に何かしら変化があったのか確認するため、この点について協会に尋ねたところ、無認可学校は判決以前と変わらない状況で運営されていることが明らかにされた。以上の無認可学校関係者の発言から、デリー高等裁判所の判決によって一度は存続が危ぶまれたデリーの無認可学校は、最高裁の判決によってその法的正当性が承認され、公的に承認された「影の制度」として存続するように思われた。しかし、2010年に無償義務教育に関する子どもの権利法（2009）（Right of the Children to Free and Compulsory Education Act（2009）、以下RTE法）が施行され、無認可学校はふたたび閉鎖の危機に直面することになった。RTE法の詳細とその無認可学校に対する影響については、第5章で詳しくみていくことにする。

5. まとめ

　本章では、デリーの無認可学校に関する公共益に関する訴訟の記録や、関係者に対する聞き取り調査の結果を手がかりに、各行為主体の無認可学校に対する見解を分析してきた。分析の結果、ソーシャル・ジュリストは、厳格な認可基準にもとづく学校の正規化こそが教育の質を保証し、ひいては子どもの権利を保障すると理解し、無認可学校の存在を否定していることがわかった。一方、デリー私立学校協会は、正規の学校である公立学校は機能不全状態にあり、無認可学校は公立学校に代わって質をともなう教育機会を貧困層の子弟に提供していると理解し、無認可学校を擁護していることがわかった。

　ソーシャル・ジュリストと協会の無認可学校に対する見解は対立してこそいたものの、両者はともに教育の質保証と子どもの権利保障の実現に向け、学校教育のあるべき方向性を模索し、無認可学校の統制方針の検討に積極的に関わっていた。これとは対照的に、政府は無認可学校に無関心な姿勢をみせ、これらの学校を統制する権限をもたないことを主張してきた。しかし、

デリー高等裁判所では、政府のこの認識は間違っており、こうした認識が無認可学校の発展を促してきたという判断が下された。デリー高等裁判所の判決によって、無認可学校に対する政府の統制責任が公の場で確認され、これらの学校の調査を政府が実施したことはデリーの教育史において画期的であった。それにも関わらず、デリー政府はその後、最高裁判所より命じられた無認可学校のガイドライン策定に着手することはなかった。政府当局の無認可学校に対する無関心な態度は変わることがなかったのである。

デリー高等裁判所では、デリーの無認可学校の閉鎖を強いる判決が下された。しかし、判決を不服としたデリー私立学校協会が控訴した結果、これらの学校の法的正当性はデリー学校教育法規にもとづき認められることが確認された。注目に値するのは、この協会が無認可学校と認可私立学校によって構成されていたという点であった。閉鎖の危機に直面した無認可学校は、「正当化された組織」である認可私立学校と戦略的に提携し、協会を通じて自らの主張を訴えることで、組織として不安定な自らの立場をカムフラージュし、主張をより信頼できるものにしようと努めたのである。一方、協会にとっても無認可学校の存続の問題は無関係ではなかった。協会に加盟する認可私立学校の多くは、無認可学校を同時に経営している学校であった。このことから、認可私立学校と無認可学校は利害を共有していることがわかった。こうした認可私立学校と無認可学校の提携が功を奏し、デリー教育局は裁判の過程で、無認可学校の法的正当性に加え、これらの学校の社会的意義を認める発言をおこなった。つまり、無認可学校は政府からもその実質的価値が認められたのである。

デリー政府がおこなった無認可学校の調査は、地区ごとの無認可学校の数と就学者数、学校名と住所を調べるというシンプルな調査であった。この調査は、無認可学校の発展の背景やそこで提供されている教育の実態を理解するには不十分な調査であった。また筆者の現地調査では、デリー政府の調査に含まれなかった無認可学校も確認された。無認可学校の実態については、ソーシャル・ジュリストやデリー私立学校協会によっても説明されたが、ソーシャル・ジュリストの調査はわずか10校の無認可学校を1日でまわる

というものであった。また、デリーの無認可学校92校の見解を代弁した協会の発言に、これらの学校の教員や保護者の見解が実際どの程度反映されていたのかは明らかではなかった。以上の理由により、筆者はデリー北区・北東区に位置するシャードラを調査地として、通算10ケ月におよび無認可学校9校の調査をおこなった。

続く第3章・第4章では、この調査結果をもとに、無認可学校の組織的構造を分析し、「影の制度」の実態に迫る。ここでは、無認可学校の提供主体である経営者や教員、そして享受主体である保護者などの各行為主体の無認可学校に対する見解や関与のあり方も検討する。

ところで、先行研究では認可条件を満たしていない学校を不正に認可している教育行政官の実態が明らかにされていたが、デリー高等裁判所ではこの点に関しては言及されなかった。こうした認可制度の問題がデリーにもみられるのであれば、認可によって教育の質が保証され、子どもの教育権が保障されるというソーシャル・ジュリストの主張は実態に即していないこととなる。次章ではこの点についても確認する。

[注]
1 ソーシャル・ジュリストがデリー高等裁判所に提出した公共益に関する訴訟の議事録(2006年、第43号)、デリー高等裁判所の最終判決結果(2008年、2月8日)、デリー私立学校協会が最高裁判所に提出した特別許可訴状(民事)(2008年、第21952号)、デリー教育局などの政府機関が高等裁判所に提出した宣誓供述書と行動報告書、無認可学校のリストなど。
2 本章は、以下の論文に加筆・修正をおこなったものである。小原優貴 (2010)「インドの教育制度における『影の制度』の位置づけの検討—無認可学校の統制をめぐるデリー高等裁判所での訴訟の分析—」『教育制度学研究』第17号、pp. 161-174。
3 ソーシャル・ジュリストホームページ、http://www.socialjurist.com/ (最終アクセス日:2013年11月1日)
4 Galaskiewicz, J. (1985) Interorganizational Relations, *Annual Review of Sociology*, 11, pp. 281-304.
5 Tooley, J. and Dixon, P. (2005b) *Private Schools Serving the Poor. Working Paper: A Study from Delhi, India.* New Delhi: Centre for Civil Society. http://schoolchoice.in/research/viewpoint8.pdf (最終アクセス日:2013年11月1日)
6 司法印紙 (juficial stamp paper) と非司法印紙 (non-juficial stamp paper) は裁判所が供述書や同意書などを発行する際に用いる印紙である。司法印紙は裁判での供述の際

に、非司法印紙は、裁判以外の場面での供述の際に用いられる。

第3章
無認可学校の組織的構造

無認可学校の教室風景

第2章ではデリーの無認可学校の法的正当性を検討し、これらの学校がデリー学校教育法規のもと正当なものとして認められてきたことを明らかにした。しかし、無認可学校は、公式の教育統計でも把握されていない非正規の学校であり、政府からの認可も補助もない中、どのように存続・発展してきたのかは明らかではない。第3章では、低額私立学校(Low-fee Private Schools、以下、LFP学校)の発展メカニズムを説明するスリヴァスタヴァの「影の規則枠組み」を参考に、筆者が調査したデリーのシャードラに展開する無認可学校9校の組織的構造を分析する。そして無認可学校がその存続・発展のためにどのような非公式の規則や手続き(影の規則枠組み)を用いているのかを確認する。ここではまた無認可学校を実際に動かしている経営者と教員の出自や動機を確認し、どのような人物がどのような動機のもと無認可学校の経営や教育に関わっているのか明らかにする。さらに認可私立学校が無認可学校の運営に関わっている点に着目し、認可私立学校の関与と無認可学校の存続・発展の関係性を検討する。

　まず第1節では、デリーの無認可学校の調査方法を説明し、その上で「影の規則枠組み」の内容を確認する。次いで、第2節では、調査対象校9校の概要と経営者の動機を説明する。第3節、第4節、第5節では、無認可学校における教育費・入学手続き・財源確保の実態、カリキュラム・教授言語・評価方法、教員の出自と動機について分析する。そして第6節では、無認可学校から認可学校への進学・編入学および認可取得の手続きについて述べる[1]。

1. デリーの無認可学校の調査方法と「影の規則枠組み」

(1) デリーの無認可学校の調査方法

　デリー政府が作成した無認可学校リストによると、特定された無認可学校の約2割がシャードラに集中していた。シャードラは、デリーを南北に流れるヤムナー川を越えた北東区・東区[2]に位置する。この地域は、インド北部の後進州からの移住者も多く、デリーの中でも貧困層が多く居住する低所得地域として知られる。以上の点から、シャードラは、本研究で分析する貧困

層対象の無認可学校の調査をおこなうのに適した地域であると判断された。

調査は、第1次調査(2008年9月～2009年2月)、第2次調査(2009年11月～2010年2月)、第3次調査(2010年8月)の3度に分けて実施した。筆者はまずデリー教育当局が作成したシャードラの無認可学校リストの中から6校をランダムに抽出し、1校1校訪問して調査協力を依頼した。調査の過程で、リストに含まれない無認可学校が存在していることが明らかになった。そこで、調査対象校のうち3校は、筆者がこれまでの調査を通じて築いてきたネットワークを頼りに連絡を取り調査協力を得た。

第1次調査では、これらの9校すべてを訪問し、無認可学校に関する基本情報と経営者の無認可学校に対する見解や関与のあり方について聞き取り調査をおこなった。具体的には、学校の設置年、認可申請年、提供する教育段階、生徒数、経営者のバックグラウンド、授業料、カリキュラム、無認可学校における親の収入、教育費、授業料免除制度、教育内容、生徒の卒業後の進路などの学校に関する情報に加え、経営者が無認可学校の運営に関わるようになった背景について情報収集した。第1次調査を実施した時期は、デリー高等裁判所が無認可学校の閉鎖を強いる判決を下してまだ間もなく、無認可学校の法的正当性にゆらぎが生じていた時期であった。このことが影響してか、調査を拒否する学校もあった。また調査対象校とした9校の中でも、一部の質問に対して情報提供を拒否する学校(H校とI校として後述)がみられた[3]。これらの学校を除くそのほかの調査対象校では、事前に承諾を得て複数回にわたる学校訪問をおこなった。

また、教員と保護者に対する調査の許可が得られた3校(A校、D校、G校として後述)では、教員と保護者の基本属性と無認可学校に対する見解を問う質問紙調査を実施した。これら3校は、生徒数、提供する教育段階、認可状況、展開地域がそれぞれ異なり、経営者が無認可学校を設置した動機も異なった。そのため、3校の分析は、無認可学校の多様な形態を理解する上で役に立った。質問紙調査は教員と保護者ともに無記名で実施したが、調査協力に同意する場合は名前と連絡先を自由記述の欄に記入するよう依頼したところ、ほとんどの教員、保護者がこれに同意した。そのため、質問紙調査の結果をふ

まえて、個別に聞き取り調査をおこなうことが出来た。教員に対しては、3校の教員全30名に筆者が直接質問紙を配布し、後日経営者を介して回収した。保護者に対する調査の詳細については、次の第4章で詳述する。

第2次調査では、教員と保護者に対する調査の承諾を得られた3校をそれぞれ約10回訪問し、無認可学校の運営状況についてフォローアップをおこなうとともに、教員と保護者に対して聞き取り調査をおこなった。聞き取り調査では、第1次調査で教員と保護者におこなった質問紙調査の回答結果とそれぞれの無認可学校に対する見解や関与のあり方を詳しく確認した。また、できるだけ多様な見解を抽出できるよう、教員に関しては、学歴、給与、婚姻状況、調査対象校以外での教員経験などが異なる者を各学校から2～3名選出し、合計10名の教員に30分～60分の聞き取り調査をおこなった。

本研究の調査結果について述べる前に、以下では、調査対象校を分析する上で参考にしたスリヴァスタヴァの「影の規則枠組み」の内容を再確認しておく。

(2)「影の規則枠組み」と無認可学校

「影の規則枠組み」は、公式に記録されたり、法律や行政組織によって正式に認められたりしてはいないが、一般に広く認められている枠組みであり、LFP学校がその存続・発展のために用いる枠組みである。影の規則枠組みは、公式の規則枠組み（学校教育法規などに規定される規則や手続き）を成立させることが困難な学校、すなわち認可条件を満たすことが困難なLFP学校が、公式の規則枠組みを操作したり成立させたりするために用いる非公式な規則や手続きの一式であり、「共通の内部規則」と「外部規則」とがある[4]。スリヴァスタヴァによると、共通の内部規則とは、認可の有無に関わらず、LFP学校に共通して用いられる内部規則や手続きであり、教育費やその徴収の仕組み、入学手続き、内部運営の体制と手続き、教員の採用条件に関するものが含まれる。これに対して、外部規則は、無認可LFP学校が公式の規則枠組みを成立させるために、外部組織を巻き込んで用いる規則や手続きである。具体的には、認可取得や公的試験の実施に関する規則や手続きがあげられる。外

部組織の中には、政府や認可私立学校などの公教育制度内の行為主体が含まれる。以下では、「影の制度」を構成する影の規則枠組みが、デリーの無認可学校においてどのように用いられているのか留意しつつ、調査対象校の組織的構造を分析していくことにしたい。

2. 調査対象校の概要と経営者の動機

(1) 調査対象校9校の概要

　ここではまず第1次調査でおこなった経営者に対する聞き取り調査の結果をもとに、調査対象校の基本情報について確認する(**表3-1**)。経営者に対する聞き取り調査と学校観察をおこなったところ、調査対象校9校のうち5校(E校、F校、G校、H校、I校)は、前期初等教育(第1〜第5学年)まで、残り4校(A校、B校、C校、D校)は後期初等教育(第6〜第8学年)までの教育を提供していた。多くの調査対象校は就学前教育も提供していた。D校は前期初等教育段階が認可された部分無認可学校で、後期初等教育段階については認可申請中であった。

　生徒数は最も少ない学校で120人、多い学校では450人と、学校間でばらつきがあった。生徒数が多い学校ほど、敷地面積や教室数などの設備が充実していた。生徒数が300人未満のA校、B校、E校の校舎は2階建てか平屋で、300人以上のC校、D校、G校は3階建てか2つ以上の校舎を有していた。ただし、G校に関しては経営者の昔の住居(2階建て)と現在の住居の駐車スペースを利用していた。G校ほどの大きさではなかったが、F校、H校、I校も経営者の自宅の一部を利用して教室を開いていた。B校、C校、D校に関しては比較的広い校庭があったが、A校、E校の校庭は狭く、F校、G校、H校、I校に関しては、経営者の自宅を利用していたため校庭はなかった。クラスごとに教室を用意できない学校では、ひとつの黒板を3学年で同時に使用したり(A校)、仕切りを設けて教室を分けていたりした(G校)。

　調査対象校の多くは設立されてから10年に満たない学校であった。しかし、中には、H校(15年)やG校(約50年)のように、長期にわたって教育活動

表3-1 調査対象校9校の基本情報

学校	教育段階	生徒数	学校設備	設置年	認可申請年	経営者のバックグラウンド
A	就学前〜第8学年	198	校庭付き1階建て校舎	2007	2007	元公立学校教員(男)
B	就学前〜第8学年	276	校庭付き1階建て校舎	2002	2008	起業家(男)
C	第1〜第8学年	300	校庭付き3階建て校舎	2006	2006	起業家(男)
D	就学前〜第8学年(第6〜8学年が無認可の部分無認可学校)	450*	校庭付き3階建て校舎2棟	2000	2003	公式:元公立学校校長(男) 実際:公立学校教員(男)
E	就学前〜第5学年	120	2階建て校舎	2006	2008	元仕立屋(男)
F	就学前〜第5学年	216	経営者の自宅の一部	2000	2006	主婦(女)
G	就学前〜第5学年	360	2階建て家屋と駐車スペース	1960	申請せず	認可私立学校副校長(女)
H	就学前〜第5学年	N/A	経営者の自宅の一部	1993	申請せず	主婦(女)
I	就学前〜第5学年	N/A	経営者の自宅の一部	2000	N/A	主婦(女)

出所　筆者作成　*第6〜8学年までの無認可の教育段階在籍者は270人。

をおこなっている学校も見受けられた。9校の調査対象校のうち6校は認可申請をおこなっていた。設置直後に認可申請をおこなった学校も認められる一方、無認可学校の閉鎖を命じたデリー高等裁判所の判決を受けて認可申請をしたという学校もあった。認可申請をおこなった学校の経営者は、認可取得は学校の評判や信頼性を高める上で重要であると認識していた。一方、G校、H校のように、認可申請をしていない学校もあった。G校、H校の経営者は「(認可は)とくに必要性がない」と考えていることを明らかにした。デリーでは高等裁判所で無認可学校の法的正当性が議論されるまで、私立学校の認可取得が問題にされることはなかった。また聞き取り調査をおこなった

第 1 次調査の段階では、デリー高等裁判所によって無認可学校の閉鎖が命じられていたものの、教育当局が無認可学校に対してどのような措置を取るのかは明らかにされていなかった。そのため、G校やH校は、教育当局が具体的な方針を示すまで、認可は必要ないと判断していたと考えられる。加えて、G校に関しては、運営母体である私立学校グループの知名度が高く、経営者は認可取得によって学校の信頼性を高める必要性があるとは考えていないようであった。

(2) 経営者の動機など

　無認可学校の運営には、教育起業家や元仕立屋、主婦に加え、元州立学校校長や、現役の州立学校教員、認可私立学校を同時に運営する私立学校グループなどの認可学校関係者が関わっていた。無認可学校の経営者の家族や近親者などが、認可学校の経営者や校長、教員の経験をもつ場合もあった。たとえば、B校、C校の経営者の父親は州立学校の元教員であった。筆者は調査中、学校様子をうかがいに来た元認可学校関係者の家族に何度か遭遇することがあった。こうした認可学校関係者の知識や経験は、無認可学校が組織としての不確実性を軽減し、保護者から信頼を得るためにも大いに役立つと考えられる[5]。

　どのような動機のもと無認可学校の経営に携わることにしたのか経営者に尋ねたところ、元州立学校の教員であったA校経営者は、「退職後はこれまでの（教員活動を通じて得た）経験を社会のために役立てたいと思っていた。だから、自分の財産をこの学校に投資した」と述べ、学校の設立動機は退職後の社会貢献活動にあったことを説明した。そのほかの調査対象校においても、ほとんどの経営者が「社会のニーズに応えるため」、「（貧困層に対する教育普及は）社会的義務であるため」と回答し、社会貢献が学校の設立動機であったと説明した。しかし、すべての経営者が、純粋な社会貢献だけのために、無認可学校を運営しているとは考えにくい。経営者の発言は、インド憲法において利益目的の学校運営が違法とされていることが影響しているように思われる[6]。

収益に対する期待をはっきり述べる者はいなかったが、より注意深く経営者の発言や行動を分析してみると、各々無認可学校の運営を通じて何かしらの利益を得ていることがわかった。たとえばE校の経営者は、仕立屋の仕事を辞めて無認可学校を設立していた。貧困層の教育熱が高まる中、無認可学校の運営は小規模ではあれ、仕立屋よりも将来性のある仕事とみなされたのであろう。無認可学校の運営は、女性が家事や子育てをしながら両立できる仕事でもあり、F校、H校、I校では中間層出身の主婦が自宅の一部を開放して授業をおこなっていた。彼女たちにとって、無認可学校の運営は、手頃な収益機会になっていたといえる。B校経営者に関しては、収益とは別の動機が示された。B校経営者は、経営者が将来、選挙に出馬するつもりであることを明らかにした。B校の生徒の大多数は低カーストやムスリムなどの社会的弱者層の子どもたちであった。こうした弱者層を対象とした学校運営の経験は、選挙活動に不可欠な地域の支持を集める上でも有益であると考えられる。

デリー学校教育法規第113条では、(認可学校の)教員は私的な授業(家庭教師や予備校教師などを意味する)や私的な雇用(教員が代行者を私的に雇用し副業に専念するケースがある)をおこなったり、そのほかいかなる商業的事業にも従事したりしてはならないことが定められている。しかしD校やG校では、認可学校の校長や教員が無認可学校の運営に携わっていた[7]。D校では現役州立学校の教員が現場の運営を切り盛りしていた。しかしD校は前期初等教育段階が認可された部分無認可学校であったため、認可を取得した前期初等教育段階については、元州立学校の校長である父親が書面上の経営者として登録されていた。デリーの州立学校では二部制が取られており、息子は午後シフトのクラスを担当していた。そのため、息子は午前中の時間を利用して無認可学校の運営に携わっていた。彼はよく無認可学校の授業が終わり昼食を取るやいなや、急ぎ足で州立学校に向かっていた。

D校における教育活動はこれだけではなかった。D校では無認可学校の運営に加え、放課後に補習授業と称してコーチング・スクール[8]のような組織化された集団形式の教室を開講していた[9]。担当していたのは学校の事務員

で、事務員の自宅の1室を開放しておこなわれていた。ここでは、1回約1時間半の補習授業が3回に分けて入れ替え式で実施されており、1回の授業にはD校の生徒約30人が参加していた。経営者によると、これらの生徒は学習に遅れがみられる生徒であるという。教室を観察したところ、生徒はわからないことがあれば教師である無認可学校の事務員に質問をしていたが、ほとんどの場合、各々が学校で与えられた宿題を黙々とこなしていた。机や椅子はなく、全員床に座っていた。補習は週6回おこなわれており、1ヶ月の授業料はD校の授業料とほぼ同額であった。無認可学校の教員が放課後に家庭教師を実施するケースはほかの調査対象校でも確認されたが、D校のようにコーチング・スクール形式の補習授業を組織的に運営する学校はほかにみられなかった。D校経営者のこうした活動は、意欲ある公立学校教員の社会貢献活動とみなせないこともないが、デリー学校教育法規のもと禁じられている「商業的事業」に該当するようにも思われる。このように、公立学校の現役教員が無認可学校の運営と放課後の教育活動に関与しているという事実からは、公式の規則と実態が乖離するインドの教育制度の特徴が垣間みられる。

　認可学校関係者の関与が認められたもうひとつの学校、G校は、複数の私立学校を経営する私立学校グループ傘下の無認可学校であった。この私立学校グループは、G校以外に、被補助私立学校1校と中間層を対象とする複数の無補助私立学校（完全認可学校と認可申請中の部分無認可学校）を家族経営していた。G校の運営はこの私立学校グループ傘下の被補助私立学校の副校長が担っていた。筆者がG校（経営者の自宅）を訪ねると、G校経営者（被補助私立学校の副校長）は決まってG校の教員たちに指導をしていた。G校経営者は、被補助私立学校としての役割はほぼ肩書きだけであることを明らかにした。G校の運営母体である私立学校グループの共同経営者は、「我々が運営する被補助私立学校では、95％の運営費が政府によって支給されています。残りの5％については、学校が自己調達しなくてはならないため、この5％の運営費を捻出する目的でG校を設立しました」と述べ、G校がグループ内の被補助私立学校の運営資金を調達する目的で設置されたことを明らかにした[10]。

この事実は、「影の制度」である無認可学校が、正規の学校である認可学校の存続・発展に貢献していることを示している[11]。

ここまでは、調査対象校の基本情報と経営者の経歴、および経営者が無認可学校の運営に関わる動機について分析してきた。続いて、無認可学校の組織的構造を分析し、どのような運営上の規則や手続き（工夫）が学校現場で日常的に用いられているのか検討する。以下では調査対象校の教育にかかる費用、入学手続き、財源確保の実態について説明する。

3. 教育費・入学手続き・財源確保

調査対象校の教育にかかる費用のうち授業料に関しては、最低金額（Rs.50、約100円）と最高金額（Rs.500、約1,000円）の間で開きがあるものの、およそRs.100～Rs.300（約200円～600円）の範囲内におさまっている（表3-2）。ただし、無認可学校の教育には、授業料以外に教科書、制服代などの費用がかかり、調査対象校の中には入学費を徴収している学校もあった。一方、すべての学校では授業料免除制度が導入されており、公立学校のように、制服の無償提供をおこなっている学校もあった。授業料免除の対象は、兄弟姉妹を3人以上在籍させていたり、父親を亡くしたりして経済的に困難な状況にある家庭で、状況に応じて全額免除や一部免除が実施されていた。経営者によると、授業料の滞納は頻繁に起きており、納期の延長を求めて学校に交渉に来る保護者も少なくないとのことであった。そしてほとんどの場合学校はこうした要求に応じており、子どもに退学を強いることはないようであった。授業料の免除や滞納を認める柔軟な授業料徴収のあり方は、貧困層の生徒が調査対象校での教育を継続する支えとなっていた。無認可学校の柔軟な対応からは、地域からの支持を得ることでより多くの生徒を集めようとする経営者の意図もうかがわれる。

こうした柔軟な対応は、入学手続きにも認められた。通常、公立学校や富裕層・中間層対象の私立学校では、入学手続きは1年の間の特定の時期に決まって実施されており、その時期を逃すと、翌年まで申請ができない[12]。し

表3-2 教育費・教授言語・教科書

学校	授業料*	その他教育費			授業料免除	教科書	教授言語**
		教科書	制服	入学費			
A	Rs.200	Rs.400	無償	なし	○	政府＆民間	第1〜5学年：ヒ＆英（混合） 第6〜8学年：ヒンディー語のみ
B	Rs.50〜Rs.100	Rs.250〜500	Rs.150	なし	○	第1〜5学年：民間 第6〜8学年：政府	ヒ＆英（混合）
C	Rs.500	Rs.250	Rs.250〜Rs.350	なし	○	政府＆民間	ヒ＆英（別）
D	Rs.300	Rs.800	Rs.350	Rs.250	○	民間	ヒ＆英（別）
E	Rs.120〜Rs.240	Rs.500	Rs.130	なし	○	民間	ヒ＆英（混合）
F	Rs.100〜Rs.200	Rs.250〜500	Rs.150〜Rs.200	なし	○	政府＆民間	ヒ＆英（混合）
G	Rs.300	Rs.700〜Rs.1,000	Rs.500	Rs.200		民間	英語のみ
H	Rs.225〜400	Rs.300	Rs.150〜Rs.250	Rs.300	○	民間	ヒ＆英（混合）
I	N/A	N/A	N/A	N/A	○	N/A	N/A

出所 経営者に対する聞き取り調査および保護者に対する質問紙調査の結果から筆者作成
*授業料に関しては月額を、その他教育費のうち教科書と制服については年間の金額を示している。
**ヒ＝ヒンディー語、英＝英語、別＝別クラス、混合＝1クラス内で両言語を混合して使用。

かし、調査対象校の入学手続きは、これらの学校のように厳密にはおこなわれておらず、ほぼ年中生徒を受け入れていた。また富裕層や中間層対象の私立学校では、通常、選抜を目的とした試験や保護者同伴の面接が実施されるが、調査対象校では、簡単な試験や保護者同伴の面接は実施されるものの、これらは選抜を目的とするものではなく、基礎学力を確認するためのものであり、志願者をほぼ全員受け入れていた。こうした入学手続きは、柔軟な授業料徴収と同様に無認可学校がより多くの生徒を確保し、学校を存続・発展

させるために用いる影の規則枠組みのひとつとなっている。

調査対象校では、そのほとんどが生徒からの授業料収入をおもな財源としていた。しかし、A校では、地元の政治家の支援を得て学校設備を整備していた。A校経営者は、「政治家と関係をもっていると、飲み水の設置や教室の増築など学校のインフラを整備する際に支援してもらえる」と述べた。さらに経営者は、「地元で力をもつ政治家が学校行事に参加すれば、保護者の学校に対する信頼が一層高まる」とも述べた。実際、筆者が招待された学校の文化的行事では、地元の政治家が開会スピーチを務めており、学校と政治家とのつながりを保護者にアピールする場面も見受けられた。政府から認可を得ていない無認可学校にとって、こうした政治家との関係は、無認可学校の正当性を高めるひとつの手段として利用されているといえる。

ここまでは、調査対象校における教育費、入学手続き、財源確保の実態についてみてきた。以下では、教育内容の面でこれらの学校がどのような工夫をおこなっているのか分析する。

4. カリキュラム・教授言語・評価方法

すべての調査対象校は、国立教育研究訓練協議会（National Council of Educational Research and Training、以下、NCERT）のガイドラインに沿って作成された教科書を用い、正規の学校とほぼ同じカリキュラムを導入していた（表3-2）。ただしこれらの学校が用いる教科書の出版社には違いが認められ、NCERTが発行する教科書を用いる学校と民間の出版社が発行する教科書を用いる学校とがあった。経営者によると、民間の教科書には、学習内容に対する子どもの理解を促進し、関心を高めるためのさまざまな工夫が施されているという。その工夫のひとつとして、民間の教科書にはカラーの挿絵が用いられていたが、その分NCERTの教科書より割高であった。調査対象校の経営者はさらに、自分たちの学校では、ワークブックや教員が作成したオリジナルの資料などを教材として用いているが、公立学校では、NCERTの教科書以外の教材が用いられることはほとんどないと説明した。また生徒の学

習成果の評価方法を確認したところ、すべての調査対象校で学期末試験が実施されていることが明らかにされた。しかし、G校の教員は、「生徒が落第しないように、能力に応じた試験を作成している」と述べ、無認可学校では入学基準に加え、学習評価方法についても柔軟におこなわれていることが明らかにされた。生徒の学力にあわせた試験の実施は、無認可学校が生徒数を保持するためにも重要な役割を果たしており、G校のみならず貧困層を対象とするLFP学校の多くに共通する非公式の規則(影の規則枠組み)であると考えられる。

　デリーでは、富裕層・中間層の子弟の間で英語を教授言語とする私立学校、「イングリッシュ・ミディアム・パブリック・スクール」が浸透しており、これらの学校は質の高い教育を提供していると考えられている。調査対象校では、富裕層・中間層の子弟が通う「イングリッシュ・ミディアム・パブリック・スクール」を模倣するように、英語を教授言語として用いていた。経営者はみな一様に「最近では貧困層ですら英語教育の重要性を認識している」と述べ、貧困層の間で英語教育に対するニーズが高まりつつあることを指摘した。詳しくは続く第4章で述べるが、実際、筆者が保護者に対しておこなった調査では、学校選択の際に「英語を教授言語としていること」、「教員の英語力が高いこと」を保護者が重視していることが明らかにされた。他方、調査対象校では、英語にならびヒンディー語を教授言語として用いている学校が多くみられた。これらの学校の校舎には、「イングリッシュ・ミディアム」、「ヒンディー・ミディアム」という文字がならび、両言語を教授言語とする学校であることがアピールされていた。これらの学校の中には、英語を教授言語とするコースとヒンディー語を教授言語とするコースの2コースに分けて、それぞれ別の教室で授業をおこなっている学校(C校、D校)と、ひとつの教室の中で両言語を混合して用いている学校(A校、B校、E校、F校、H校)とがあった。

　ところで、G校から300mほど離れたところには、G校の授業料収入を財源の一部とする同一私立学校グループ傘下の被補助私立学校があった。この被補助私立学校は、第1学年から第10学年までの教育を提供する初中等一

貫校であったが、第1学年から第5学年に限ってヒンディー語を教授言語とし、第6学年以降は英語を教授言語としていた。この点について私立学校グループの共同経営者に尋ねたところ、「被補助私立学校の前期初等教育段階の教授言語を英語にすると、無認可学校の子どもが被補助私立学校に流れてしまい、被補助私立学校の運営費を生み出してきた無認可学校の授業料収入が減ってしまう」という回答が返ってきた。これが現実になると、双方の経営が成り立たなくなるリスクがある。つまり私立学校グループは、貧困層の保護者のニーズを理解しつつも、私立学校グループ全体の利益を考慮し、あえて被補助私立学校の前期初等教育段階の教授言語をヒンディー語にしていたのである。

　しかし、政府の統制下にある被補助私立学校は、教室や校庭も政府の基準に即して整備されており、有資格教員のみが雇用されていた。その上、デリー教育局の無償化政策のもと、教育はもちろん、制服や教科書も無償で提供されていた。初等教育段階では給食も無償支給されており、多くの側面において無認可学校よりも優位にみえた。さらに被補助私立学校とG校の間には、前者の副校長が後者の経営を担っているという点以外何の接点もなく、同じグループ傘下の学校ではあるものの、正規学校である被補助私立学校が無認可学校であるG校の教育の質の向上に寄与しているという実態は確認されなかった。それでもなお、G校の保護者がG校を選択しているという事実は、教授言語が英語であることが、貧困層の保護者にとっていかに重要であるかを物語っている。

　しかし、筆者がG校を含む調査対象校で英語のみを教授言語とする教室を観察したところ、教員は教科書に書いてある内容を英語で読み上げることはできるものの、授業を完全に英語で教えられるほどセンテンスを組み立てる力をもちあわせておらず、教員が教科書を離れて生徒に指導するときには、パターン化した決まった英語フレーズが用いられるか、ヒンディー語が用いられていた。教員に対しておこなった質問紙調査では、教員の大多数は、ヒンディー語を教授言語とする教育しか受けたことがなく、英語を教授言語とする教育を受けた経験をもつ教員は少数派であることが明らかにされた。中

には英語を教授言語とするLFP学校に初等教育段階のみ通学していたという者も数名みられたが、初等教育から大学まで英語を教授言語とする教育を受けた教員は調査対象とした30名の教員のうち1名のみであった。

　またたとえ教員の英語力が十分なレベルであったとしても、子どもたちの英語レベルが十分ではないためヒンディー語が用いられることもあった。富裕層や中間層対象のイングリッシュ・ミディアム・パブリック・スクールの中には、英語以外の言語を話した生徒にはその単語数に応じて罰金を課すといったような徹底した英語教育を施す学校もみられる。しかし、調査対象校に通う子どもたちは経済的に余裕がなくまた保護者の教育経験が乏しいため、富裕層や中間層の家庭に育つ子どもたちのように保護者や家庭教師から十分な学習支援を得られない状況にあった。そのため、無認可学校では、英語を教授言語とするクラスにおいてもヒンディー語が用いられることがあった。この点に関してE校経営者は、「もし、我々が英語のみで授業をおこなえば、生徒は学校に来なくなるだろう」と説明した。

　ここまでは、無認可学校が教育内容の面でどのような工夫をおこなっているのか分析してきた。次節ではどのような人物がどのような動機のもと無認可学校の教育に関わっているのか述べるとともに、調査の過程で明らかとなった経営者と教員の関係性について説明する。経営者と教員の関係性は、無認可学校の存続・発展に影響をおよぼす重要な要因のひとつであり、検討の価値があると考えられる。

5. 教員の出自と動機

(1) 教員の属性・経歴・待遇など

　以下では教員に対する調査許可が得られたA校、D校、G校の3校での調査結果を中心に、これらの学校の教員の属性と経歴、待遇などについて説明する。調査対象校を訪問してすぐにわかったのは、教員のほとんどが女性であるということであった。こうした傾向は、調査対象校に限ったことではなく、デリーの学校全体に共通している点であった[13]。A校経営者は、「女性

教員は、小さい子どもの面倒をみるのに適している。男性教員と違って従順であり、反論することが少ない」と述べ、教員には女性が適しているという認識を明らかにした。こうした認識は、ほかの調査対象校の経営者も共有しているようであった。全体として20代～30代の女性が多くみられたが、これは結婚を理由に退職する者がいるためであった。ただし中には、G校のように結婚後も仕事を続ける教員の多い学校もあり、こうした学校では40代～50代の女性もみられた。筆者が経営者の部屋で聞き取り調査をおこなっている際、経営者に意見を求めに来る女性教員たちの姿を頻繁に目にした。彼女たちは経営者のガイダンスに礼儀正しく耳を傾け、従順な態度でこれに応じようとしていた。インドの私立学校では、経営者と教員の間の序列関係はきわめて明確であるが、こうした関係は無認可学校においても確認された。経営者と教員の序列関係は、教員の多くが女性であるということでより一層強化されているようにも感じられた。

　質問紙調査の結果から、教員のほとんどは、教員資格をもたない大卒者か、中等教育（第10学年もしくは第12学年）修了者であることがわかった。3校それぞれをみていくと、G校の教員の学歴がもっとも高く、A校、D校がそれに続いた。有資格教員は、唯一G校において確認された。まず、D校の教員に関しては、12人の教員のほとんどが、中等教育（第10学年もしくは第12学年）修了直後にD校に採用された20代前半の女性であり、全員教員資格をもっていなかった。A校の教員6人は、大卒者か後期中等教育（第12学年）修了者であった。D校同様、有資格教員は確認されなかった。ただし、大卒者のうち何人かは、認可私立学校での教員経験を有していた。このことは、認可された私立学校においても、無資格教員が雇用されている実態を明らかにしている。有資格教員が唯一確認されたG校においても、その数は17人のうち4人にとどまった。G校では大卒者が多くみられたが、後期中等教育修了者も確認された (表3-3)。

　D校経営者は、無認可学校に無資格教員が多いのは、「適切な資格をもつ教員を確保することは低所得地域では難しい」からであると説明した。この指摘は無認可学校の置かれた状況を的確に説明していた。有資格教員の存在

表3-3 教員の属性・経歴・待遇など

	A（教員数6名）	D（教員数12名）	G（教員数17名）
年齢・婚姻状況	20代未婚者がほとんど	20代未婚者	20〜50代、既婚者半数以上
学歴	第12学年修了者or大卒者	第10学年or第12学年修了者	第12学年修了者or大卒者
教員資格	教員資格保持者なし	教員資格保持者なし	教員資格保持者4名
教員給与	Rs.1,500〜Rs.2,000	Rs.1,500〜Rs.2,500	Rs.1,500〜Rs.1,700

出所　経営者および教員に対する質問紙調査の結果から筆者作成

が認められなかったA校やD校は、G校と比較して発展が遅れており、教育レベルが相対的に低い地域であった。この点については、無認可学校の認可取得にも関わる問題であり、インドにおける学校の正規化を検討する上で重要な点である。教員の質の問題は長期的視点に立った課題のひとつとして、第5章で詳しく検討する。

教員の採用に関しては、経営者の親戚・地縁関係を通じておこなわれるのが一般的であった（A校とG校）。経営者に直接アプローチしてポストを獲得したという教員もみられたが、こうしたケースは稀であった（D校の一部の教員）。デリーの認可学校の教員の給与は、公務員の給与を規定する連邦政府の給与委員会の勧告にもとづき支払われることになっており、最新の勧告によると、認可学校の教員給与は前期初等教育段階では約Rs.2万2,000（約4万4,000円）、後期初等教育段階では約Rs.2万7,000（約5万4,000円）と設定されている[14]。しかし、調査対象校の教員の給与は、この約10分の1（Rs.1,500〜Rs.2,500）であった[15]。無認可学校が認可を取得できない最大の理由はまさにこの点にある。貧困層の生徒からの授業料収入をおもな財源とする無認可学校では、最大の支出となる教員給与を低く設定することで採算をあわせているのである。

ここまでは教員の属性や経歴、待遇についてみてきた。これらの教員はどのような動機のもと無認可学校ではたらいているのであろうか、また無認可学校における待遇をどのように感じているのであろうか。以下では、教員の

無認可学校ではたらく動機や無認可学校に対する見解について分析する。

(2) 教員の動機

　教員に聞き取り調査をおこなったところ、多くの教員は、デリーのほかの学校の状況や自らの境遇を理解し、現状に満足しているようであった。教員たちは、教員という仕事がいかに女性にとって適職であるかをさまざまな観点から説明した。教員の一人は、「『よい教師』とは、子どもに対して注意を払い愛情をもって接する教師であり、この点において女性は男性より優れた教師である」と述べた。この発言は経営者の発言とも一致しており、多くの教員もこの見解を共有しているようであった。また半日で仕事を終えられる教職は、既婚女性、とりわけ子どものいる女性にとって都合のよい仕事であるとみなされていた。G校の教員の一人は、「私はこの学校に来る前、裕福な家庭の子どもが通う認可私立学校ではたらいていました。そこでの給与はこの学校（G校）よりも良かったですが、私はこの学校で教えることに満足しています。（この学校は）私の家から近いので、まだ幼い私の子どもたちの面倒をみることができます」と述べた。公立学校では異動があり職場が居住地から遠くなる可能性もあるが、調査対象校は活動拠点が固定されており、通常、教員の家から徒歩圏内にあった。交通事情や治安などの理由により女性の単独行動には何かと制約がかけられる中、徒歩圏内にあり、多くの同僚が女性である無認可学校は、教員の親たちにとっても娘たちを安心して送れる安全な職場と映っているようであった。

　教員の中には、自らの境遇を理解し、教育活動を通じて得られる喜びを説明する者もみられた。A校の教員たちは、「私たちは地域の人々から尊敬を受けていると感じています。このあたりの地域に住む女性の中では、私たちが最も教育を受けています。……私たちの年代（20代）の女性たちは家事をしているか家で何もしていないかのどちらかです」と口をそろえて述べた。実際、A校の保護者に対する聞き取り調査では、この地域の子どもは第10学年（16歳に相当）を終えると男子は地元の小規模工場ではたらき、女子は結婚していることが明らかにされた。

無認可学校で勤務する動機として、教育に対する純粋な情熱を説明する者もいた。G校の教員の1人は、「私は教えることが大好きです。私はこの学校で教えられることを嬉しく思っています」と述べ、教育に対する強い情熱があることを明らかにした。この教員は、無認可学校ではたらくもうひとつの動機として、経営者のカーストについても言及した。彼女は、「私は経営者のことをとても尊敬しています。彼らは私たち家族と同じバラモン出身です。私の姉妹はみなこの学校を卒業し、現在はみなこの学校で教えています」と述べ、カーストの一致が家族全員の経営者に対する信頼につながっていることを明らかにした。無認可学校ではたらく動機とカースト・コミュニティーへの帰属意識をつなげた説明は、ほかの教員からは聞かれなかったが、インドならではの動機として興味深い。

無認可学校について不満を示す教員はほとんどみられなかったが（経営者に伝わることを恐れた可能性もある）、G校の教員の1人は、「私は学校に認可申請をしてほしいと思っています。なぜなら教員給与があがるから……。でも経営者はそんなことは考えていません」と述べ、経営者が認可取得に積極的に取り組めば教員に対する待遇が改善されると考えていることを明らかにした。しかし、先行研究では認可私立学校において教員給与の規定が遵守されていない実態が確認されており、このことは筆者の調査でも認められた。認可私立学校から転職してきたというA校の教員（無資格教員）は、「そこ（前職の認可私立学校）の教育の質は良くありませんでした。そのためほかの教員ポストを私立学校で探しましたが、その中でここ（無認可学校）の給与が良かったのでここではたらくことに決めました」と述べ、認可私立学校の教員の給与や教育の質が、無認可学校のそれよりよいわけではないことを明らかにした。教員資格をもたないこの教員が認可私立学校で雇用されていたという事実、またそこでの教員給与がA校の給与（Rs.1,500〜Rs.2,000、約3,000〜4,000円）よりも低かったという教員の発言は、認可条件を満たしていない学校が不正に認可されている実態を明らかにしている。以上の調査結果は、調査対象校の認可取得が、G校の教員が期待するような待遇の改善をもたらすわけではないことを示している。

調査対象校の教員の学歴や保有資格状況、英語力などに鑑みると、彼女たちを雇用する学校は、無認可学校あるいは不正に認可を取得したLFP学校に限られていると考えられる。適切に認可を取得した私立学校では教員資格をもっていることが採用条件であったし、その中でもとりわけイングリッシュ・ミディアム・パブリック・スクールでは高い英語力が求められた。そもそも教員の居住地域には、こうした私立学校はほとんど存在しておらず、質の高い認可私立学校へはある程度の距離があった。また最も人気のある公立学校の教員採用試験は、競争率がきわめて高く、たとえ教員資格をもっていたとしても、影響力のある行政官や政治家とのコネや賄賂なしには合格は困難とされていた[16]。教員の多くは、採用にまつわる非公式の規制や手続きを理解しているようであった。

こうした中、教員の中には、少しでも待遇を改善しようと、昇給を求めて経営者に交渉する者もみられた。わずかRs. 200（約400円）ほどではあったものの、昇給に成功する者もいた。また教員の中には、家庭教師をおこなうことで副収入を得ている者もいた。こうした教員はとくに未婚の教員に多くみられ、無認可学校の授業を終えた後、午後から家庭教師をするため子どもの家に向かっていた。家庭教師で得られる収入は、担当している子どもの数により個人差があったが、月平均Rs.1,000～Rs.2,000（約2,000円～4,000円）と無認可学校の給与とほぼ同じぐらいであった。認可学校の教員が副収入を得ることは禁止されているが、無認可学校の教員に関しては、デリー学校教育法規の規則が適用されない。そのため、こうした活動は合法的におこなわれていた。

以上のように、教員それぞれが無認可学校に見出す価値はさまざまであったが、総じて無認可学校の教員は、自らが置かれた境遇を受け容れ、無認可学校での教育活動に満足しているようであった。

ここまでは無認可学校の内部運営の実態について分析してきた。このような無認可学校で教育を受けた生徒たちは、卒業後、どのように教育を継続しているのであろうか。また公式の修了証明書を発行する権限のない無認可学校の生徒が、正規学校への進学を希望する場合、どのような条件や手続きが

定められているのであろうか。無認可学校の卒業生が、その後どのような学校に進学しているのかは、保護者にとっても重大な関心事であり、無認可学校が実態としての正当性を獲得するためにも重要な問題であるといえる。以下では、調査対象校の生徒の卒業後の進学状況とそれを支える公式・非公式の制度や手続きについてみていく。

6. 正規の学校との接点──進学・編入学と認可取得の手続き

(1) 無認可学校から認可学校への進学・編入学

　無認可学校では生徒の卒業後の進路などについて記録を取っていなかった。そこで筆者は経営者にそれぞれの学校の生徒の進学状況を確認した（進学状況については9校のうち情報提供を拒否したH校、I校を除く7校において確認した）。その結果、どの学校もほとんどの卒業生は地元の州立学校か被補助私立学校に進学していると答えた。この結果は、無認可学校の生徒が認可学校への進学を拒否されていると説明するソーシャル・ジュリストの発言とは異なるものであった。

　D校に関しては中等教育段階の共通試験の合格者比率が、デリーの全中等学校の中でワースト10にランク入りしている州立学校が進学先となっていた。一方、G校の卒業生はその経営母体である私立学校グループの運営する被補助私立学校が進学先となっていた。例外的なケースではあったが、A校やG校の卒業生の中には、デリー教育局の運営する才能開発学校、プラティバ・ヴィカス学校に進学した者もいることが明らかにされた。

　生徒の中には第8学年までの学校（A校、B校、C校、D校）に在籍していながら、経済的理由のため、後期初等教育段階（第6学年）から州立学校に編入学する生徒もいることが明らかとなった[17]。調査対象校の生徒の多くが州立学校や被補助私立学校に進学するのには、これらの学校では教育の無償化が進められているのに対し、無補助私立学校では授業料が上級段階にあがるにしたがい割高になるという理由があった[18]。とりわけ中等教育を提供する私立学校は初等教育を提供する私立学校と比べ数が圧倒的に少なく、その多くは

高額の授業料を徴収しているため、調査対象者の保護者にとって手の届かない存在となっていた。

公式の修了証明書を発行する権限のない無認可学校の生徒は、どのように認可学校に進学したのであろうか。通常、デリーの認可学校の卒業生は、指定校入学制度という制度を利用して上級段階の認可学校に進学する。この指定校入学制度は、ある一定の教育段階までしか提供していない学校に対して、上級段階の教育を提供する近隣の州立学校を生徒の進学先として指定することで、生徒の自動進学を保証する制度である[19]。前期初等学校が大多数を占めるデリー都市自治体（Municipal Corporation of Delhi, MCD）の運営する公立学校や、一部の州立学校の生徒は、この制度を利用して指定校に進学している。

ただし、指定校以外の学校への進学を希望する場合には非指定校入学制度を利用することもできる[20]。非指定校入学制度とは、「無認可学校の生徒、あるいは指定校入学制度にもとづき指定された州立学校以外の州立学校に進学・編入学を希望する生徒のための入学」制度とされる。つまり、非指定校入学制度は、無認可学校の生徒が認可学校に進学・編入学することを公的に認める制度であるといえる。これは第2章でも確認したデリー学校教育法規の第141条に記された「認可学校に在学していなかった児童が初等教育最終学年（第8学年）までに、認可学校に進学する」場合を想定した制度であるといえる。デリー教育局の行政官に対する聞き取り調査によると、非指定校入学制度では、基礎学力を確認するための試験がおこなわれるが、この試験は選抜を目的としたものではなく、その結果によって進学が拒否されることはないという[21]。また生徒は指定された地域内の州立学校のうち進学を希望する学校を伝えることができる。ただし、最終的には、学校の空席状況によって、受け入れ先となる州立学校が決定される[22]。政府は概して、無認可学校に対して無関心な態度を示しているが、非指定校入学制度の存在は、初等教育段階で無認可学校に在籍する生徒の多いデリーの現状に考慮した制度であるといえる。

留意すべきは、非指定校入学制度を利用できるのは初等教育の最終学年（第8学年）開始前までであるという点である。すなわち、非指定校入学制度

を利用して認可学校に編入学する資格をもつのは、第1学年修了者〜第7学年修了者に限られている。しかし、調査対象校の中には、第8学年まで無認可学校に在籍する者もみられた。これらの生徒はどのように、認可学校に進学できたのであろうか。この点については、序章でも少し触れたが、デリーには何らかの理由で認可学校に在籍してこなかった子どもがその学力を証明するため、中等教育段階で実施される公的試験制度を「個人候補者」として受験できる制度がある[23]。無認可学校の生徒はこの公的試験の結果を修了証明書の代わりに提出することで、中等教育段階から認可学校に進学できる仕組みとなっている。なお、中等教育進学時の試験に関しては、認可学校卒業生は免除されている。そのため、非指定校入学制度を利用して第8学年までに認可学校に進学・編入学した生徒は、公的試験を受けずに中等教育段階から認可学校に進学することができる。以上のように、デリーの無認可学校の生徒は、非指定校入学制度か公的試験の個人候補者枠というふたつの正規の制度のうちいずれかを利用して、正式に認可学校に進学することができるのである。

　ところが、後期初等教育まで提供している調査対象校の中には、認可私立学校と提携し、これらの学校から修了証明書を調達することで、生徒を認可私立学校の卒業生として中等教育段階の認可学校に進学させているものもあった。D校の経営者は、地域の認可LFP学校から修了証明書を妥当な価格で購入していることを明らかにした。またA校の経営者は、中間層の子弟を対象とする認可私立学校を運営する親戚に依頼して、無料で修了証明書を調達していると説明した。調査対象校の経営者が公的試験の個人候補者枠ではなく、修了証明書を非公式に調達するという方法で、生徒を認可学校に進学させているのには、公的試験の受験にかかるコストや政府とのやりとりに加え、公的試験によって生徒の進学を拒否されるリスクを回避したいというねらいがあったからと考えられる。以上のように、無認可学校は認可私立学校と提携することで、生徒の認可学校への進学を実現し、認可私立学校は無認可学校と提携することで、副収入の機会を得たりしているのである。つまり、修了証明書をめぐる無認可学校と認可私立学校の提携は、両者に利益を

もたらすものとなっていた。

　ここで懸念されるのは、無認可学校の卒業生の進学先での適応状況である。調査対象校では正規のカリキュラムに準拠する教育がおこなわれていたとはいえ、教員の多くは無資格教員であり、教育の質が適切に保たれているとはいえなかった。また認可私立学校から非公式に修了証明書を獲得した無認可学校の生徒は、認可私立学校の授業に参加するわけでも、そこで実施される試験を受けるわけでもなく、実際には無認可学校で学習を継続していた。そのため、正規の学校である認可学校の卒業生が進学する州立学校において、無認可学校の生徒が適応できているのかどうかという点に疑問がもたれた。この点について、無認可学校の卒業生が進学した州立学校の教員に確認したところ、州立学校では、MCDの運営する公立学校の卒業生も在籍しており、無認可学校卒業生はこれらの子どもたちよりも成績がよいと評価されていることがわかった。デリーでは前期初等教育段階でMCD学校に在籍していた生徒の多くが上級段階にあがるにしたがいドロップアウトしている。そのため、無認可学校の卒業生が進学する州立学校に在籍するMCD学校卒業生は、MCD学校に在籍していた生徒の中でも一定の教育水準の者であると考えられた。こうした中、無認可学校の卒業生がMCD学校卒業生より評価されているという事実は、無認可学校の教育の質は問題がないわけではないが、MCD学校のそれとの比較という観点からは、よりよいと判断しうることを示唆している[24]。

　ここまでは、無認可学校から認可学校への進学・編入学について分析し、無認可学校と正規の学校との接点を検討してきた。以下では無認可学校の認可取得の手続きについてみていくことにしたい。

(2) 認可取得

　筆者が調査対象校をはじめて訪問した第1次調査では、すべての学校は無認可学校として機能していた。しかし、第3次調査の時点では、A校、C校、D校は認可を取得していた。これらの中でもC校は最も早く認可を取得し、第1次調査の終わり頃には認可私立学校として機能していた。また、A

校に関しては、第2次調査時までは完全無認可学校であったが、第3次調査の段階では第5学年まで認可を取得していた。A校ではすべての教室に窓が取り付けられ、新しい教室が設置されていたが、教員の給与や保有資格の状況は、認可取得以前と変わらなかった。またD校は第1次調査の時点では前期初等教育段階のみ認可された部分無認可学校であったが、第2次調査中には後期初等教育段階も認可を取得していた。しかし、経営者は、認可取得前と認可取得後とで学校の状況に変化はないことを明らかにした。これらの学校の経営者に、いかにして認可を取得したのか尋ねたところ、経営者たちは自分たちの学校についてはっきり言及することを避けつつも、認可を得るために政治的コネクションや賄賂が利用されることは一般的であると述べ、無認可学校の一般的な認可取得の方法をほのめかした[25]。またD校の経営者は、実際の収支を管理する帳簿とは別に、政府に提出するための帳簿を管理して、書面上は規定通りの給与を支払っているかのように取り繕っていることを明らかにした。

認可条件を満たしていない学校が、不正に認可を取得し、「認可学校」として存続しているという事実は、認可LFP学校と無認可LFP学校の実態がそう大きく変わらないことを示唆している。またこのことは、公式のステートメントと実態が乖離するインドの教育制度の特徴を象徴している。デリー学校教育法規では、認可条件を満たしていない認可学校に対して政府は書面で勧告をおこなうこと、それでもなお条件を満たさずに存続する学校に対しては認可を取り下げることが規定されている[26]。しかし、デリーにおいては、このようなケースはほとんど聞かれることがなかった。

7. まとめ

本章では、LFP学校の発展メカニズムを説明するスリヴァスタヴァの影の規則枠組みを参考に、筆者が調査したデリーのシャードラに展開する無認可学校9校の組織的構造を分析してきた。また無認可学校を実際に動かしている経営者と教員の出自や動機を確認し、どのような人物がどのような動機の

もと無認可学校の経営や教育に関わっているのかを検討した。

　無認可学校の運営には、教育起業家や主婦などのほか、元州立学校校長や現役州立学校教員、認可私立学校経営者などの正規学校関係者の関与が認められた。経営者の中には、家族や親戚が正規学校で経営者や校長、教員として勤めていたという者も少なからず存在した。現役教員の商業的事業への従事はデリー学校教育法規のもと禁止されていたが、正規学校関係者の知識や経験は、無認可学校が組織としての不確実性を軽減し、保護者から信頼を得る上でも役立っているようであった。また無認可学校の経営者の多くは、社会貢献目的で学校を運営していると主張したが、私立学校グループ内の被補助私立学校の財源確保のために無認可学校が運営されているケース(組織の維持・発展目的)や、無認可学校の生徒を対象に無認可学校の授業料とほぼ同額で集団補習授業をおこなうケース(利潤追求目的)もみられるなど、これらの経営者の実際の動機はさまざまであった。

　無認可学校は、財源が乏しく、教育設備や教員資格、教員給与などの認可条件を満たすことができないため、公教育制度の枠外で存続していた。しかし、第2章でも説明したように、最高裁判所はこれらの学校がデリー学校教育法規のもと認められるという判決を下していた。ただし、デリー学校教育法規は無認可学校の定義や位置づけを明確に定めていたわけではなかった。こうした中、無認可学校の経営者は、公式の規則枠組みやそれに準拠する正規学校を参考にし、組織としての不確実性を軽減しようとしていた。たとえば、無認可学校では正規の学校と同様のカリキュラムが導入されていた。また、正規の学校を模倣し、授業料免除制度を導入したり、富裕層や中間層の子弟が通うイングリッシュ・ミディアム・パブリック・スクールを模倣し、英語を教授言語に取り入れたりしていた。ただし、貧困層の子弟を対象とする無認可学校は、富裕層や中間層の子弟が通うイングリッシュ・ミディアム・パブリック・スクールと完全に同じ条件で教育をおこなうことはできず、入学や授業料徴収に関する手続き、英語レベルや学習評価方法は、生徒の経済状況や学力にあわせて柔軟におこなわれていた。こうした柔軟な手続きは、スリヴァスタヴァの論じる影の規則枠組みとして機能し、無認可学校がより

多くの生徒を集め、財源となる授業料収入を確保する上で重要な役割を果たしていた。

また無認可学校の教員の多くは、資格をもたない女性で低賃金で雇用されていた。正規の学校では教員資格をもっていることが採用条件であり、それに加えてコネや賄賂が求められたりした。また認可私立学校では給与が適切に支払われないこともあった。教員たちはこうした公式のステートメントと実態の乖離を理解し、無認可学校での教育活動に満足しているようであった。また女性にとって教職は適職であると認識していた。

さらに調査の結果、デリーの無認可学校の生徒のほとんどは卒業後、認可学校に進学していることが明らかとなった。デリーでは無認可学校の卒業生が認可学校に進学・編入学するために利用できる公式の制度がある。しかし、無認可学校の中には、政府とのやりとりが発生する公式の進学・編入学手続きを回避し、認可私立学校から公式の修了証明書を購入・調達することで、卒業生を認可学校に進学させている学校もあった。また、無認可学校の中には、認可条件を満たしていないにも関わらず、教育行政官から不正に認可を取得し、「見せかけの認可私立学校」として活動を継続する学校もあった。こうして非公式に認可を取得した学校は、二重帳簿を作り、公式の規則枠組みを成立させていることが明らかとなった。ただし、これらの非公式の手続きは、無認可学校が認可学校に昇格するのを支える手続である一方、公式の規則を公然と無視するものであり、質を保証するはずの公的証明書や公的認可の価値を下げ、インドの公教育制度内に矛盾を形成している。

以上の分析結果から、デリーの無認可学校は公式の規則枠組みを参考にしつつも、学校の経済状況や教員および貧困層の子弟の属性に考慮し、これらとは乖離する非公式の規則や手続き、すなわち影の規則枠組みを用いて、富裕層や中間層の子弟を対象とする私立学校とは異なる形態の教育を提供していることがわかった。

本章では、無認可学校の組織的構造とその存続・発展を支える影の規則枠組み、そしてこれらの学校の運営と教育に関わる経営者と教員を分析し、「影の制度」の実態解明を試みてきた。しかし、「影の制度」は、無認可学校

の教育の享受主体である保護者や生徒の存在なしには成立しない。そこで、続く第4章では、教育の享受主体である保護者が無認可学校にどのような価値を見出しているのか、また無認可学校の存続・発展においてどのような役割を果たしているのか、保護者の学校選択行為の分析を通じて検討する。

ところで、無認可学校に否定的なソーシャル・ジュリストは、保護者が無認可学校であると知らずにこれらの学校に子どもを送っていると述べ、保護者を「営利目的で無認可学校を運営する経営者に搾取される無知の被害者」とみなしていた。これに対して無認可学校を擁護したデリー私立学校協会は、「無認可学校の保護者は、学校が無認可学校であると知っている。しかし、公立学校が機能不全状態にあるため、質の高い教育を求めて無認可学校に子どもを送っている」と主張してきた。しかし、ソーシャル・ジュリストの主張は、新聞記事と10校の無認可学校を1日で調査した結果にもとづくものであった。また協会の見解は協会に加盟する無認可学校92校の経営者の声を代弁したものであり、保護者の見解がどの程度反映されていたのかは明らかではない。第4章ではこうしたソーシャル・ジュリストと協会の主張がどの程度、無認可学校の実態を説明できているのかも検証する。

[注]
1　本章は、以下の論文をもとに加筆・修正をおこなったものである。小原優貴 (2009b)「インドにおける貧困層対象の私立学校の台頭とその存続メカニズムに関する研究—デリー・シャードラ地区の無認可学校を事例として—」『比較教育学研究』第39号、pp. 131-150。Ohara, Y. (2012) Examining the Legitimacy of Unrecognised Low-fee Private Schools in India: Comparing Different Perspectives, *Compare*, 42, no. 1, pp. 69-90. 小原優貴 (2014)「インドにおける非正規学校の動向」『アジア教育研究報告』第13号、pp. 33-45。
2　デリーは9つの区に分轄されている。南区は富裕層の多く居住する地域として知られる。
3　これらの項目については各表においてN/Aとして記載。
4　Srivastava, P. (2008b) The Shadow Institutional Framework: Towards a New Institutional Understanding of an Emerging Private School Sector in India, *Research Papers in Education*, 23, p. 462, p. 466.
5　こうした正規学校関係者の無認可学校への関与は、「組織は内的機能の発展を促進させるため、提携を通じて、ほかの組織から知識を獲得する」と述べるオリ

バー (Oliver) のネットワーク・ラーニングの説明にも通じるものがある。Oliver, A.L. (2001) Strategic Alliances and the Learning Life-cycle of Biotechnology Firms, *Organization Studies,* 22, pp. 467-489.

6 　経営者のLFP学校の設立動機が利益目的か社会貢献(慈善活動)目的かという点については、スリヴァスタヴァも検証している。スリヴァスタヴァは、経営者の動機は、自己利益の追求と社会貢献の両方が混合しているが、後者に関しては、見返りを期待しない奉仕ではないと指摘している。Srivasava, P. (2007) For Philanthropy or Profit? The Management and Operation of Low-fee Private Schools in India, in P. Srivasava and G. Walford (eds) *Private Schooling in Less Economically Developed Countries: Asian and African Perspectives.* Oxford: Symposium Books, pp.153-186. この点については、小原優貴 (2009a)「インドの初等教育における無認可学校の役割と機能―貧困層ビジネスとしての私立学校に着目して―」『京都大学大学院教育学研究科紀要』第55号、pp. 131-144においてもトゥーリーの論考をもとに分析している。

7 　Government of National Capital Territory (NCT) of Delhi, Department of Education (DoE) (1977) *The Delhi School Education Act, 1973 and the Delhi School Education Rules, 1973.* Delhi: Akalank, p. 63. 保護者に対する聞き取り調査では、公立学校の教員が、学校で教育をおこなっていないにも関わらず、自身の生徒の家庭教師をおこない収入を得ている実態も明らかにされた。

8 　公的試験の受験に向けた準備教育をおこなう目的で個人や民間が放課後に運営する学習塾や予備校などの私塾を意味する。

9 　調査地における放課後の授業は、希望する保護者が個別に家庭教師を雇い、少人数でおこなわれるのが一般的であった。調査対象校のように、集団形式で補習授業が実施されるのは珍しい。

10 　被補助私立学校の経営者がその運営費を調達する手段として、無認可学校を運営している実態は、ウッタル・プラデーシュ州を調査対象としたキングドンの研究においても確認されている。Kingdon, G.G. (1996) Private Schooling in India: Size, Nature, and Equity-effects, *Economic and Political Weekly,* 31, no. 51, pp. 3306-3314.

11 　最高裁判所は2001年におこなわれた裁判で、私立学校のチェーン展開の合法性について見解を明らかにしている。この裁判は授業料の引き上げに不満をもった無補助私立学校の保護者たちによって提起された。ここでは、無補助私立学校が個人的利益やそのほかのビジネスのために、授業料を利用していないかどうかが調査された。この際、チェーン展開により拡大する無補助私立学校が、その収益の一部を、経営者が運営する別の学校やそのほかの登録団体などに譲渡することが合法的であるのかどうかが議論された。審理の結果、最高裁判所は、無補助私立学校の収益が教育以外の目的で設置された組織運営に利用されることは問題であるが、経営者が運営する別の学校のために使用されることは合法的であるという見解を示した。最高裁はさらに、教育に対する需要が高まる中、こうした私立学校のチェーン展開はむしろ歓迎すべきであると述べている。

12 　Government of NCT of Delhi, DoE (1977) *op. cit.,* p. 76. デリー学校教育法規、第

137条を参照。

13 こうした傾向は、デリーの特徴というよりもむしろ経済的に発展している地域にみられる特徴である。雇用機会が限られた後進地域では、教職も男性にとって重要な就業機会とみなされている。一方、サービス産業などが発達し雇用機会が多様化している先進地域では、男性はこれらの仕事に就き、教職は女性の活躍の場として機能している。

14 Puri, V.K. (2010) *Revised Compilation of Sixth Pay Commission Acceptance Orders for Central Govt. Employees.* New Delhi: JBA. 教員給与は経済発展にともない上昇傾向にあり、第6次給与委員会の発表した教員給与は、第5次給与委員会のそれのほぼ倍である。2004年-2005年時点にトゥーリーがデリーでおこなった調査では、公立学校の教員の平均給与はRs. 10,071.76であったという。Tooley, J. and Dixon, P. (2005b) *Private Schools Serving the Poor. Working Paper: A Study from Delhi, India.* New Delhi: Centre for Civil Society, p. 447. http://schoolchoice.in/research/viewpoint8.pdf（最終アクセス日：2013年11月1日）

15 ウッタル・プラデーシュ州を調査したスリヴァスタヴァの研究では、公立学校の教員給与は、Rs.4,500〜Rs.7,000であったが、LFP学校の教員給与に関しては、農村でRs.300〜Rs.1,150、都市でRs.500〜Rs.2,000であったことが明らかにされている Srivasava, P. (2007) *op. cit.,* p.170.

16 G校経営者・教員に対する聞き取り調査より。

17 デリーのスラム地区の貧困層の就学状況を調査したデ、ノロハン、サムソンは、調査対象地域において後期初等教育を提供するLFP学校はほとんどなく、私立学校に通学する貧困層の子どもの多くが第6学年から（遅くとも第9学年から）公立学校に進学していたことを明らかにしている。De, A., Noronha, C. and Samson, M. (2005b) *On the Brink of Adulthood.* New Delhi: Collaborative Research and Dissemination (CORD), India. http://cordindia.com/images/adolescent_report.doc（最終アクセス日：2013年11月1日）

18 中等教育段階では、カリキュラムの専門化にともない器材や実験室などの教育設備が必要となる。また教員により多くの給与を支払う必要がある。授業料はこれに応じて高くなる。

19 デリーでは都市自治体の運営する前期初等学校から管轄の異なるデリー州教育局が運営する州立学校に進学する際、生徒が入学を拒否されるという問題が発生している。州立学校がこうした対応を取るのは、成績の思わしくない生徒を入学時点で排除することで、共通試験の結果を維持するためと考えられる。指定校制度はこうした入学拒否の解決策となることが期待されている。

20 Government of NCT of Delhi, DoE (2008) *Status of Education and Major Achievements in Delhi: A Quick Report.* New Delhi: Government of NCT of Delhi, DoE. http://edudel.nic.in/a_quick_report__2008.htm（最終アクセス日：2013年11月1日）

21 デリー教育局における行政官に対する聞き取り調査の結果より。

22 Government of NCT of Delhi, DoE (2008) *op. cit.,* pp. 198-199.

23　中央中等教育委員会のホームページにガイドライン（Guidelines for Private Candidates Seeking Admission to Board Examinations）が掲載されている。http://www.cbse.nic.in/faq/private_candidate.htm（最終アクセス日：2013年11月1日）
24　これに関連する研究として、以下のトゥーリーの研究がある。Tooley, J. and Dixon, P. (2005b) *Private Schools Serving the Poor. Working Paper: A Study from Delhi, India.* New Delhi: Centre for Civil Society. http://schoolchoice.in/research/viewpoint8.pdf
25　C校経営者は、認可取得前、「わたしたちの学校とほぼ同じ状況にある学校が認可を得ていたりする。行政官と経営者の間に何かしらあるに違いない」と苦情を漏らしていた。
26　デリー学校教育法規第55条第2項では、認可を取得した学校が、学校法（Act）第4条第1項および規則（Rules）第50条に定める認可条件を満たさない場合、政府が書面にてそれを告知することが明記されている。そして、告知より60日経過してもなお認可条件を満たさない学校については、認可が失効することが定められている。Government of NCT of Delhi, DoE (1977) *op. cit.,* p. 240.

3-1 調査対象校E校の2階建て校舎

3-2 調査対象校B校の教科書
　　教授言語として英語とヒンディー語を混合で用いていたが、教科書はすべてヒンディー語で書かれたものであった

3-3　放課後の補習授業の様子

3-4　無認可学校の女性教員たち

3-5　低所得地域に住む無認可学校の教員の自宅の様子

3-6　放課後に家庭教師をおこなう無認可学校の教員

3-7　無認可学校の文化行事に参加する生徒と保護者たち

3-8　地元の政治家を招いておこなわれる無認可学校の文化行事の様子

第4章
保護者の学校選択と「影の制度」

無認可学校の
ある保護者

第3章では無認可学校の組織的構造の分析を通じて、これらの学校で用いられている非公式の規則や手続き(影の規則枠組み)を明らかにし、こうした規則や手続きが無認可学校の存続・発展にどのように寄与しているのか検討した。また、教育提供主体である経営者と教員の出自や動機を分析し、どのような人物がどのような動機のもと無認可学校の運営や教育に関わっているのかを明らかにした。本章では教育の享受主体である保護者が無認可学校にどのような価値を見出しているのか、また無認可学校の存続・発展においてどのような役割を果たしているのか、保護者の学校選択行為の分析を通じて検討する。第1節ではまず調査方法と調査対象校の概要、保護者の基本属性を説明する。次いで、第2節では調査の結果から明らかとなった保護者の教育に対する見解と学校選択要因について述べる。そして第3節では、公教育制度と「影の制度」に対する保護者の見解を分析する。最後に第4節では保護者が無認可学校の存続や発展にいかに寄与しているのか検討する[1]。

1. 調査方法と調査対象の概要

(1) 調査方法

　ここではまず、調査方法と調査対象校の概要を説明する。教員に対する調査同様、保護者に対する調査は、経営者から許可を得られた3校(A校、D校、G校)でおこなった。これらの学校は、生徒数、提供する教育段階、認可状況、展開地域がそれぞれ異なった。子どもの在学年数の長い保護者の方が、無認可学校や無認可学校卒業後の生徒の進路展望に関して多くの意見をもっていると考えられたため、調査では上級学年に在籍する子どもの保護者を対象とした。まず第1次調査では、各学校で生徒に質問紙を配布し、保護者に手渡し回答してもらうよう依頼した。記入済みの質問紙は筆者が直接生徒から129名分回収した。質問紙では、保護者の所得・カースト・学歴・職業などの基本属性に加え、無認可学校を選択した理由、学校の認可状況に関する認識、無認可学校に対する満足度について確認した。

　第2次調査では、可能な限り異なる立場にある保護者の見解を抽出するた

第4章　保護者の学校選択と「影の制度」　133

表4-1　調査対象校3校の概要

	A	D	G
特徴	●デリー北東区の出稼ぎ労働者居住地区	●デリー北東区の住宅地のLFP学校激戦区	●デリー東区のシャードラ駅付近の住宅地
設置年	●2007	●2003	●1960
経営者	●元公立学校教員(男)	●公式:元公立学校校長(男) ●実際:公立学校教員(男)	●同じ私立学校グループ傘下の認可私立学校副校長(女)
学校の志向性	●社会貢献志向	●利潤追求志向	●組織維持発展志向
教育費(月間)	●約Rs.250	●約Rs.400	●約Rs.450
教授言語	●第1～5学年:英語とヒンディー語(混合) ●第6学年～8学年:ヒンディー語のみ	●英語とヒンディー語(別クラス)	●英語のみ
教育段階	●就学前～第8学年	●就学前～第8学年	●就学前～第5学年
認可状況	●完全無認可学校→第6～8学年が無認可の部分無認可学校	●第6～8学年が無認可の部分無認可学校→完全認可学校	●完全無認可学校→認可申請せず
教育インフラ	●校庭付き1階建て校舎	●校庭付き3階建て校舎2棟	●2階建て家屋と駐車スペース
教員の保有資格と学歴	●教員資格保持者なし ●第12学年修了者or大卒者	●教員資格保持者なし ●第10学年or第12学年修了者	●教員資格保持者4名 ●大卒者
教員給与	●Rs.1,500～Rs.2,000	●Rs.1,500～Rs.2,500	●Rs.1,500～Rs.1,700
修了証明書調達方法	●経営者の親戚が運営する認可私立学校から調達	●周辺地区の認可LFP学校から購入	●第5学年までのため不要
周辺学校の展開状況	●LFP初等学校3校(うち1校無認可学校)、居住地から離れたところにMCD学校1校、非サルヴォダヤ学校1校	●LFP初等学校複数、認可私立初中等一貫校(第10学年まで)1校、非サルヴォダヤ学校1校	●MCD学校、被補助私立学校、認可私立初中等一貫校(第12学年まで)数校、非サルヴォダヤ学校1校、サルヴォダヤ学校1校

出所　経営者と教員に対する聞き取り調査の結果、および保護者に対する質問紙の結果から筆者作成

め、質問紙に回答した保護者の中から基本属性(所得・カースト・学歴・職種)や子どもの教育経験が異なる保護者を各学校から10名選出した。そして、質問紙では明らかにされなかった点について聞き取り調査をおこなった。具体的には、保護者の教育に対する期待や学校教育システムに関する認識状況、無認可学校の教育の質に対する見解などである。聞き取り調査は、学校と自宅のうち保護者が回答しやすい場所を選択してもらい、保護者の母語であるヒンディー語で60分〜90分おこなった。また第2次調査では、無認可学校の保護者の学校選択要因を地域の学校環境に照らして解釈するため、保護者の生活圏内に存在する学校について経営者や教員に確認した。さらに、保護者の行為が無認可学校の存続と発展にいかに寄与しているのか明らかにするため、保護者の学校活動への参加状況や、保護者と経営者・教員との関係を、学校観察と各関係者に対する聞き取り調査によって確認した。

(2) 調査対象校3校の概要と保護者の基本属性など

　表4-1は、調査対象校3校に関する基本情報をまとめたものである。第3章と重複する内容がほとんどであるが、本章の分析対象である保護者の学校選択要因や無認可学校に対する見解をそれぞれの学校の特徴と照らし合わせて分析する際に便利であるため、改めて整理しておく。ここではすべての項目について詳細には説明しないが、第3章の説明を補足しつつ3校の特徴をみていくことにしたい。

①特徴と設置年

　A校はインドの後進州であるウッタル・プラデーシュ州とデリー州(北東区側)の州境に位置していた。こうした地理的要因も手伝って、A校展開地域には出稼ぎ労働者を含む後進州からの移住者が多く居住していた。D校はデリー北東区の住宅地に展開していた。D校周辺は低額私立学校(Low-fee Private Schools 以下、LFP学校)の激戦区であり、200m〜300m間隔でパブリック・スクールがみられた。筆者が調査を開始した頃、A校、D校は設置されてまだ5年も経過していなかった。これに対して、G校は1960年より教育活動をおこなってきた伝統的無認可学校であった。G校は近年デリー・メト

ロが開通したシャードラ駅付近の住宅地にあり、3校の中では最も都心へのアクセスが便利であった。

②経営者と学校の志向性

A校は退職後の社会貢献活動をおこなう目的で、元州立学校教員が自らの資金を投じて設置した学校であった。D校は現役州立学校の教員が勤務時間外に運営している学校で、有償の集団補習授業もおこなっていた。そして、G校は同じ私立学校グループ傘下の被補助私立学校の財源を調達するために設置された学校であった。これらの学校はそれぞれ異なる目的志向をもち、A校は「社会貢献志向」、D校は「利潤追求志向」、G校は「組織維持・発展志向」の無認可学校と分類できる。

③教育費

毎月の授業料に教科書代・制服代を月割計算した金額を足し合わせると、3校の月間の教育費は、G校、D校、A校の順番に高かった。これは後述する保護者の所得と対応関係にあった。

④教授言語

3校の共通点は、いずれもイングリッシュ・ミディアム・パブリック・スクールで、かつ経営者が認可学校関係者であった点にある。ただし、G校は英語のみを教授言語として用いているのに対して、A校、D校ではヒンディー語も用いられていた。A校の初等教育段階では、英語とヒンディー語が混合して用いられ、後期初等教育段階では生徒と教員の英語力を考慮してヒンディー語のみが用いられていた。他方、D校では、すべての教育段階で英語を教授言語とするコースとヒンディー語を教授言語とするコースの2コースを設けて、それぞれ別の教室で授業がおこなわれていた。

⑤教育段階と認可状況

A校は就学前〜第8学年までの一貫校で、第1次調査時点では、デリー連邦首都圏教育局(以下、デリー教育局)に認可申請中の完全無認可学校であった。ただし、第3次調査の際には第1学年〜第5学年まで認可を取得していた。D校は就学前〜第8学年までの一貫校で、第1次調査時点では、第1学年〜第5学年まで認可された部分無認可学校であった。第2次調査時点では、

認可申請をしていた第6学年〜第8学年までも認可され、認可私立学校として機能していた。そして、G校は就学前〜第5学年までの完全無認可学校で、認可申請をしていなかった。

⑥**教育インフラ**

A校の校舎は1階建てのシンプルなものであったが、生徒全員が収まる広さの教室と校庭があり、簡素ではあったが清潔に保たれていた。D校の校舎は3校の中で最も立派であった。校庭付きの3階建て校舎を2棟有していた。G校では経営者一家が昔住んでいた2階建ての家屋と、その向かい側にある一家の現在の住居の駐車場の空きスペースで教育がおこなわれていた。いずれの学校も、男女別のトイレや飲み水は設置されており、基本的なインフラは整備されていたが、敷地面積に関する認可基準を満たしていなかった。

⑦**教員の保有資格と学歴、給与**

G校の教員のうち数名は教員資格を有していたが、A校、D校の教員はみな無資格教員であった。教員の学歴に関してはG校、A校、D校の順に高かった。しかし3校の教員給与の金額はこの順番に高いわけではなかった。

⑧**修了証明書の調達方法**

第3章でも明らかにしたとおり、第8学年まで運営するA校、D校に関しては、認可私立学校の経営者から修了証明書を非公式に調達・購入していた。

⑨**周辺学校の展開状況**

A校は生徒の居住地から700mほど離れた場所にあった。生徒の居住地周辺にはLFP初等学校が3校あり、そのうち1校は無認可学校であった。前期中等教育(第9〜第10学年)を提供する私立学校は確認されなかった。この地域にはデリー都市自治体(Municipal Corporation of Delhi、以下、MCD)の学校が1校、後期初等(第6学年)以上の教育を提供する州立学校、非サルヴォダヤ学校が1校存在していたが、生徒の居住地からは遠い場所にあった。D校の生徒の多くは学校から200m〜500mほど離れた場所に住んでいた。D校展開地域周辺にはパブリック・スクールが多くみられたがそのほとんどは初等教育のみを提供していた。1km圏内には初等〜前期中等(第10学年)までの認可私立初中等学校が1校のみ存在し、後期中等教育(第11〜12学年)を提供する

私立学校は確認されなかった。このほか周辺地域には、非サルヴォダヤ学校が1校存在した。G校の目の前にはMCD学校があった。G校の授業料収入を財源の一部としている同じ私立学校グループ傘下の被補助私立学校は、G校から300mほど離れたところにあった。G校展開地域には、初等〜後期中等教育を提供する認可私立学校数校に加え、非サルヴォダヤ学校と前期初等教育(第1学年〜第5学年)以上の教育を提供するサルヴォダヤ学校がそれぞれ1校ずつあった[2]。

表4-2は、保護者の所得や職業、学歴に加え、保護者が子どもに家庭教師をつけているかどうかを示したものである。以下ではこれらの点について、簡単に説明する。

⑩保護者の所得と職業

学校によって各世帯の所得には差がみられたが、多くの世帯の月収はRs. 3,000〜Rs.5,000(約6,000円〜1万円)の範囲内であった。これはデリー教育局の定める「社会における経済的弱者層」の認定基準である年間所得約Rs.10万(約20万円)、すなわち月間Rs.8,333(約1万6,666円)[3]以下に収まる所得であった。生徒の父親の大多数は、小売店や小規模工場の経営、チャイ屋(インドのお茶屋)、リキシャ引き[4]などの低賃金で不安定なインフォーマル部門の事業に従事していた。A校の保護者の所得は3校の中で最も低く、Rs.2,500〜Rs.3,000(約5,000円〜6,000円)であった[5]。一方、D校、G校では少人数ではあったが、平均月給がRs.1万(約2万円)程度の事務職に従事する者も確認された。調査対象者の中で最も高所得であったのは州立学校の教員

表4-2 保護者の基本属性と家庭教師の雇用状況

	A	D	G
所得	Rs.2,500〜Rs.3,000	Rs.2,500〜Rs.4,000	Rs.3,000〜Rs.10,000
学歴	第10学年修了者多数、非識字者一定数	第10学年修了者多数	第12学年修了者多数
家庭教師の有無	半分以下	多数	大多数

出所 第1次調査時におこなった経営者に対する聞き取り調査および保護者に対する質問紙調査の結果から筆者作成。保護者に対する質問紙調査が実施できたのはA校、D校、G校のみ。

を務める保護者であった。生徒の母親のほとんどは専業主婦であった。

⑪**保護者の学歴と家庭教師の有無など**

　3校の保護者の学歴は、G校、D校、A校の順に高かった。A校は3校の中で保護者が非識字者である家庭が最も多かった。家庭教師についている生徒は、保護者の所得の高いG校生徒の間で最も多く、D校でも多数確認されたが、A校では半数以下にとどまった。このように、家庭教師につく生徒は保護者の所得の高い学校ほど多く、保護者の経済力は学校外教育に対する投資にも差を生じさせていた。この調査結果は、LFP学校に通学する子どもの中でも、学校外教育を受けられる者とそうでない者との間でアクセスできる教育に差がみられることを明らかにしている。家庭教師につく生徒は、通常、週6日間、家庭教師のもとで学習していた[6]。

　ここまでは調査対象校の基本情報と保護者の基本属性についてみてきた。次節では、聞き取り調査の結果をふまえ、保護者の教育に対する見解と保護者が無認可学校を選択する際に参考にした情報媒体について明らかにする。その上で、質問紙調査の結果をもとに、保護者が無認可学校を選択した理由を確認する。

2. 保護者の教育に対する見解と学校選択

(1) 保護者の教育に対する見解

　途上国の貧困層の子どもの就学阻害要因として、保護者の教育に対する意識の低さが指摘されることがある。しかし、調査対象校の保護者の発言からは、教育に対する意識の高さがうかがわれた。まず教育についてどのように考えているのか尋ねたところ、「今の教育は昔の教育とはまったく違う。今は（教育によって得られる）チャンスがある」、「自分たちの子どもには『教育を受けた子ども』になって欲しい」、「子どもが学校に行かなければ、子どもが『教育を受けていない子』とみなされる」といった回答が得られた。これらの回答からは、変化の渦中にあるインドにおいて何かしらのチャンスを掴むためには、教育が重要なカギになるという保護者の意識がうかがわれる。逆に、

教育を受けられなければ、取り残されてしまうという意識があることもわかった。こうした保護者の教育に対する認識は、いかなる形で学校選択行為にあらわれているのであろうか。以下では、保護者の学校選択行為について分析していく。

(2) 学校選択の情報源と要因

　調査を通じて、保護者はさまざまなソースから学校情報を収集していることがわかった。最も頻繁に聞かれた情報源は、近所の友人・知人や親戚であった[7]。保護者の中には、学校を直接訪問して経営者から学校情報を聞き出している者もいた。保護者の居住地域周辺にも情報は溢れていた。保護者に聞き取り調査をおこなうため、学校から自宅までの道のりを歩いていた際、道路脇の壁や通学カートなどに学校の情報が手書きでペイントされているのをよく目にした。また筆者が訪問した保護者の家には、学校が作成したチラシや学校情報の記載された商用カレンダーが配られていることもあった。これらの媒体には、学校の名前や提供教育段階、教授言語に加え、コンピューター・ルームなどの教育設備などに関する情報が記載されていた。経営者との聞き取り調査では、地方ラジオや地域の公共スピーカー、映画館の幕間の宣伝などが学校情報の伝達媒体として利用されることもあることが明らかにされた。

　こうして得られた情報を参考にしながら、最終的に保護者は何を決め手として調査対象校を選択したのであろうか。この点を確認するため、筆者は学校選択要因と考えられる22項目の選択肢を記載した質問紙を用意し、保護者に複数回答形式で答えてもらった。**表4-3**はその結果を学校ごとに整理したものである。表内の数値は、各学校の回答者総数に対し、各項目を「学校選択要因」と選択した回答者の比率を示している。各学校の項目は、この比率が高い順にならんでいる。

　回答比率が高かったのは、「学校が近い」、「教授言語が英語である」、「教員の質が高い」という項目であった。学校の近さは、とりわけ初等教育段階の子どもの学校選択において重視されていた。デリーの道路は子どもが通学

表4-3 保護者が調査対象校を選んだ理由

A (保護者20名)		D (保護者47名)		G (保護者62名)	
項目	回答者比率	項目	回答者比率	項目	回答者比率
インフラが整備されている	85%	学校が近い	47%	英語を教授言語としている	73%
教員の質が高い	80%	英語を教授言語としている	31%	学校の評判が高い	34%
英語を教授言語としている	70%	教員の質が高い	27%	学校が近い	32%
教員の指導レベルが高い	55%	教員の指導レベルが高い	27%	教員の指導レベルが高い	29%
教員の英語レベルが高い	55%	インフラが整備されている	24%	教員の質が高い	27%
上級教育段階への進学が保証されている	55%	課外活動が充実している	18%	公立学校の質が低い	26%
課外活動が充実している	50%			学校のアカデミック・レベルが高い	24%
学校のアカデミック・レベルが高い	35%			教員の英語レベルが高い	16%
公立学校の質が低い	30%			上級教育段階への進学が保証されている	16%
公立学校が近くにない	25%			インフラが整備されている	15%
授業料が安い	20%				
宿題の量が適切である	20%				
授業料免除制度がある	15%				

出所 保護者に対する質問紙調査の結果から筆者作成。回答者比率が15%以上の項目を表示。

するには色々な意味で不便である。交通量が多い道路には、自動車、バイク、オートリキシャ（三輪自動車タクシー）、サイクルリキシャ（三輪自転車タクシー）、自転車、牛、ロバ車、歩行者が行き交っており混沌としている。また舗装されていない道路も多く、雨季には頻繁に冠水し歩行が困難なところもある。

加えて、最近では、子どもの誘拐事件も発生している。そのため、小さい子どもの長距離の通学に抵抗をもつ保護者は多かった。また保護者が送り迎えをする場合でも、学年や学校の違うきょうだいがいると送り迎えの時間や場所が異なるため、保護者の負担となり、遠くの学校は好まれなかった。富裕層や中間層の子弟を対象とする私立学校では、大人数の生徒を乗せて遠距離を移動するスクール・バスの送迎サービスがあるが、調査対象校のような零細資本の学校では、学校近辺に住む一部の子どもを通学カートで送迎するのが精一杯であった。こうした事情により、調査対象校の保護者の間では、学校の近さが学校選択の際の判断基準として重視されていた。なお、A校に関しては、生徒の居住地から700mほどの徒歩圏内にあり、決して遠くにあるわけではなかったが、「学校が近い」ことが学校選択の要因として上位にあがっていない。A校から生徒の居住地までの道のりには3校のLFP学校が展開しており、A校より近くにあるこれらの学校の存在が回答結果に影響をおよぼしたと考えられる。

　3校に共通して上位にあがったのは、「英語を教授言語としている」ことであった。この点を学校選択要因としてあげた回答者の比率はA校では70%、G校では73%にまでおよんだ。D校に関しては29%と低かった。ただし、D校はすべての項目について回答者の比率が低く、D校の中だけでみてみると、その比率は「学校が近い」という理由に次いで2番目に高かった。この結果から、調査対象校の保護者は、学校が「英語を教授言語としている」ことを学校選択の際に重視していることがわかる[8]。すべての学校において、「英語を教授言語としている」ことを選んだ比率は、「教員の英語レベルが高い」ことを選んだ比率を上回っていた。しかし、教員の英語レベルは子どもの英語力に直接影響を与えるものであり、英語教育を重視するというのであれば、教員の英語レベルは英語を教授言語としていることと同じぐらい重視されてもよいように思われる。

　ここで疑問になるのが、英語教育や教員の英語レベルに関する保護者の理解状況である。第3章でも明らかにしたように、無認可学校の教員のほとんどは英語で教育を受けたことがなく、ヒンディー語で教育を受けていた。そ

のため、調査対象校の教員の英語力は、富裕層や中間層の子どもを対象とする私立学校の教員のそれとは質的に大きく異なっていた。より多くの保護者が「英語を教授言語としていること」を「教員の英語レベルが高い」ことより重視したのは、現状を正しく把握し教員の英語レベルに期待していないからなのか、それとも単純に英語を教授言語としていること自体に教育の価値を見出しているからなのか疑問がもたれた。この点については後で詳しくみていくことにする。

3校に共通して上位にあがったもうひとつの点は、「教員の質が高い」という点であった。しかし、第3章で明らかにしたように、調査対象校の教員の多くは無資格教員であった。それにも関わらず、保護者の多くが教員の質が高い点を学校選択要因としてあげたのは、どのような理由からであろうか。この点についても英語教育や教員の英語レベルに関する保護者の理解状況とあわせて、次節で詳しくみていくことにしたい。

ところで、先行研究では、LFP学校が貧困層から支持される理由のひとつとして、授業料が安いことが指摘されてきたが、筆者がおこなった質問紙調査では、この点を学校選択要因としてあげた者はごく少数であった[9]。この結果は、低所得の保護者たちにとって無認可学校の授業料は安いとみなされているわけではないことを示唆している。

回答結果からは、保護者が調査対象校の周辺の学校を意識している様子もうかがわれた。たとえば、A校で回答比率が最も高かった学校選択要因は「インフラが整備されている」ことであった。しかし、質問紙調査を実施した第1次調査の時点では、A校の教室の数は不足しており、1人の教員が3クラスを同時に教える複式学級が実施されていた。また教室には蛍光灯などの照明器具もなければ窓も取り付けられておらず、薄暗い中で授業がおこなわれていた。しかし、この回答はA校周辺の学校状況を考えると納得のいくものであった。A校周辺には、A校と同様の設備をもつ小規模のLFP学校しかなく、校舎や校庭などのインフラが完備されたMCD学校や私立学校は存在していなかった。

調査対象校3校のうち、実際に教育インフラが最も充実していたのはD校

であったが、インフラが整備されていることを学校選択要因としてあげる保護者の比率はA校ほど高くはなかった。これには、D校周辺にD校よりも設備の充実した私立学校が存在していたことが影響していると考えられる。G校に関しては、経営者が昔住んでいた古い家屋やガレージを利用して教育をおこなっており校庭がなかった。また道路を挟んだ向かい側に立派な校舎と広い校庭をもつMCD学校があった。そのため、「インフラが整備されている」点を学校選択要因として選んだ保護者の比率はきわめて低かった。

　さらにG校では保護者の約4分の1が「公立学校の質が低い」点を学校選択要因としてあげていた。これは地域でも評判の悪い学校として知られるG校の向かいにあるMCD学校を意識した回答であると思われる[10]。一方、公立学校が近くにないA校では、公立学校の不在を学校選択要因としてあげる保護者もみられた。以上のように、保護者の学校選択要因に関する回答からは、保護者が地域の学校状況を意識して無認可学校を評価したり選択したりしている様子がうかがわれる。

　保護者の回答結果には、学校の特徴が影響していると考えられるケースもみられた。G校では、「学校の評判が高い」点を学校選択要因としてあげた保護者の比率が高く、全体の3分の1を占めていたが、A校、D校ではこの点をあげるものはみられなかった。しかし、G校の教員はA校やD校の教員と比べて学歴や英語力が多少高かったものの、そのほとんどはヒンディー語で教育を受けてきた無資格教員であり、客観的にみる限りでは大きな違いはなかった。ただし、G校は、認可私立学校を同時に運営する私立学校グループ傘下の無認可学校で、単独で運営されるほかの調査対象校とはこの点において異なった。G校の経営母体である私立学校グループは地域で約50年近く学校運営に携わっており、その傘下の認可私立学校の評判も高かった。G校の評判はこうしたグループ傘下の認可私立学校の評判が影響しているものと考えられる。実際、G校の保護者との聞き取り調査では、G校を「よい学校」とみなす理由として、地域でよく知られた私立学校グループ傘下にあることを説明する保護者が多く確認された。以上の結果は、知名度や評判の高い認可私立学校の関与は無認可学校の正当性を高める効果があることを示し

ている。
　ここまでは、質問紙調査の結果をもとに、保護者の学校選択要因や学校選択の際に参考にした情報源について分析してきた。その結果からは、保護者が英語を教授言語として用いていることや教員の質を重視して調査対象校を選択していることがわかった。しかし、これらの保護者の回答と調査対象校の実態の間には大きな乖離がみられた。この点をふまえ、次節では聞き取り調査の結果明らかとなった保護者の無認可学校に対する見解や学校教育システムに関する理解状況についてみていく。

3. 公教育制度と「影の制度」に対する保護者の見解

　保護者に対する聞き取り調査では、英語教育、教員の質、公立学校と私立学校、学校認可と進学に対する見解について確認した。以下では調査結果について詳しく説明する。

(1) 英語教育について
　聞き取り調査では、まず英語教育や英語を教授言語とする学校に対する保護者の見解を尋ねた。すると調査対象者からは、「英語教育は子どもの将来にとってよい」、「英語を教授言語とする学校は、ヒンディー語を教授言語とする学校よりもいい学校である」という回答が返ってきた。質問紙調査の結果からも示唆されたように、英語教育やイングリッシュ・ミディアムの教育は、貧困層にとって肯定的に捉えられていることがわかる。第3章でも述べたように、デリーにおいて貧困層が最もアクセスしやすい学校はMCD学校である。しかしMCD学校では一部のモデル校を除き英語は教科としてのみ教えられており、教授言語としては用いられていない。以上の点から、保護者は、英語を教授言語として取り入れる無認可学校をこれらの公立学校よりも評価していると考えられる。
　筆者は、続いてどのような理由により保護者が英語教育の必要性や重要性を認識しているのか確認した。すると、ほとんどの保護者は、筆者の質問に

対して困惑した表情をみせ、英語の必要性を問うことの意味がわからないという素振りをみせた。保護者の中には、「医療品や食料品、道路の交通サインなどすべてが英語で書かれている。仕事をするにしても、英語力は必要」と述べる者もみられたが、具体的な理由をあげて説明できたのはこの保護者のみであった。この保護者は、聞き取り調査をおこなった保護者の中でも高学歴であった。筆者はさらに、調査対象校の保護者が教員の英語力についてどのように認識しているのか確認したところ、具体的に説明できる者はほとんどいなかったが、多くの保護者は無認可学校の教員が十分な英語力を有していると認識していた。これには、調査対象校が英語を教授言語として用いていることが影響していると考えられる。以上の調査結果から、保護者の多くは、教員の英語レベルを正しく把握しておらず、学校が教授言語に英語を用いているというそのこと自体に価値を見出し、無認可学校の英語教育を評価していることがわかった。

(2) 教員の質について

聞き取り調査では、教員の保有資格について保護者がどの程度正確に把握しているのかについても確認した。最も多かったのは、「(教員がどのような資格を有しているか)わからない」という回答であった。保護者の中には、「教員が教員資格をもっているかどうかを重要であると考えたことがない」と答える者もいた。以上の結果から、保護者は調査対象校の教員がどのような資格を有しているのか把握していないにも関わらず、教員の質が高いと理解していることがわかった。この矛盾を紐解くため、何を基準に教員の質を判断しているのか保護者に確認したところ、「生徒1人1人に対してきちんと注意を払っているかどうか」で判断しているという回答が多く聞かれた。そしてそれを確認するため、授業での教員の教え方を子どもから聞いたり、子どものノートをみて教員がどのように採点をしたりコメントをしたりしているのかチェックしていることがわかった。

教員が生徒に注意を払うのは、教員として当然のことであると思われる。しかし、繰り返し述べてきたように、公立学校の教員については頻繁な欠勤

や怠惰な勤務態度などさまざまな問題が指摘されており、宿題をチェックしない教員の実態も確認されている。こうした中、子どもに注意を払う教師はそれだけで評価に値するとみなされているのである。筆者は教員の質に関する保護者の判断基準についてさらに詳しく確認するため、有資格教員と生徒に対してコミットする教員のどちらが「よい教員」であると考えるのか質問した。その結果、調査対象者30名中29名が生徒にコミットする教員と回答した。この理由として最も多く聞かれたのは、「教員が資格をもっていても、子どもが学習内容を理解していないと意味がない」というものであった。さらに公立学校の教員を例にあげ、有資格教員が必ずしもよい教員であるとはいえないと説明する保護者もいた。これらの発言からは、公的に承認されていることが質の保証を意味するわけではないという保護者の現状認識がうかがわれる。以上の調査結果から、保護者は公式の資格よりも子どもとの関わり方を重視して教員の質を評価していることがわかった。

(3) 公立学校と私立学校について

続いて、公立学校と私立学校のどちらがよい学校と考えるか保護者に確認したところ、「私立学校の方が公立学校よりもよい」と回答する者がほとんどであった。「私立学校は子どもの結婚にとってよい」と述べる保護者もみられた。教員の英語レベルや保有資格に関しては曖昧な回答をした保護者が多くみられたが、公立学校の現状については、ほとんどの保護者が具体的に説明することができた。そしてその内容は、公立学校がいかに機能不全状態にあるかを説明するものであった。聞き取り調査で最も頻繁に聞かれたのは、公立学校では「規則や規律がない」、「教育がおこなわれていない」という意見であった。保護者はその具体的な例として、「時間が守られていない」、「教員が教えてくれない」、「教員は子どもが制服を着ているかどうか気にもしない」、「生徒は無断で学校を早退し、近くの公園でクリケット(野球の原型。インドで最も人気のある球技)をしていたりする」、「生徒の行儀が悪く、男子生徒は互いにののしりあったりしている」といった点をあげた。デリーの公立学校は一般に無認可学校と比較して校庭が広く、校舎も整備されている。何

より有資格教員が配置されている。しかし、この点を評価する者はみられなかった。

　教育経験が乏しい非識字者の保護者の中には、公立学校について明確な見解を示すことができず、その場に居合わせた家族や親戚に頼って回答しようとする者もいた。実際に公立学校に通う子どもがいる場合には、その子どもに意見を求めたりしていた。筆者が訪問したA校のある生徒の両親はともに非識字者であった。そのため、保護者はMCD学校の第3学年に在籍するきょうだいに学校の状況を説明するよう促していた。彼女はチャイ屋を営む両親の手伝いをしながら、「(MCD学校では)教員が教室に来ない。教室に来てもきちんと教えていない。いい教員は毎日学校に来ている。(中略)教員が宿題をチェックするのは1ヶ月に2〜3回ほど」と述べ、公立学校の現状を自らの経験にもとづき説明した。またA校の保護者の中には、「MCD学校に子どもを在籍させていたが、第4学年を修了しても自分の名前をヒンディー語ですら書けないため、子どもを無認可学校に転校させた」と述べる者もいた。この子どもはA校では就学前クラスに編入学していた。以上のように、調査対象校の保護者や子どもは、公立学校についてかなり明確な見解をもっていた。公立学校の問題を取り上げ、無認可学校の優位性を説明した保護者もみられたように、保護者の公立学校に対する否定的な現状認識は、無認可学校の相対的価値を高めてきたといえる。

(4) 認可と進学について

　質問紙調査では、学校の認可状況に関する保護者の認識にはばらつきがあることがわかった。聞き取り調査では、この点について再確認したところ、実に半数以上の保護者が学校の認可状況を正確に把握していなかった。学校の認可状況を正しく理解している保護者と間違って理解している保護者との間には、教育経験に違いがみられ、より学歴が高い保護者の方が認可状況を正しく理解している傾向がみられた。保護者の中には、そもそも「認可」の概念自体がわからない者や、「認可」の意味はわかるが、認可学校と無認可学校の間にどのような違いがあるのかわからないという者もいた。ただし、

学校が無認可学校であることを正しく理解する保護者であっても、認可の有無を学校選択基準として重視しているわけではないようであった。というのは、インドの教育の特徴である公式のステートメントと実態との乖離を理解していたからである。

この点については、ある認可私立学校から無認可学校に転校してきた生徒の発言が参考になる。A校の生徒の一人は、「以前在籍していた認可私立学校の教員は、10人のうち2～3人くらいしか学校に来ていなかった。生徒の数が多すぎて、教員は教室を管理できていなかった」と述べ、質の高い教育を求めて、A校が無認可学校であることを理解した上でA校に転校してきたことを明らかにした。調査対象校の生徒の経済状況に鑑みると、この認可私立学校は、認可LFP学校であったと考えられる。このように、調査対象校の保護者やその子どもたちは、自らの経験を通じて認可が教育の質を保証するわけではないこと、公式のステートメントと実態には乖離があることを学んでいるのである。

学校の認可状況に関しては半数以上が正確に把握していなかったが、卒業後の進路については、ほとんどの保護者が入学前に経営者に確認し、正しい情報を入手していた。ただし、無認可学校が修了証明書を非公式に調達する方法について正しく理解している保護者はごく一部のみであった。保護者は調査対象校の卒業生のほとんどが認可学校に進学していることを確認していたため、「卒業後は州立学校に進学できるので問題ない」、「（進学に必要な）修了証明書を入手できるから何の問題もない」と述べ、無認可学校であるがゆえに不都合を感じたことはないことを明らかにした。以上の分析結果から、保護者は学校認可という公的な承認よりも認可学校への進学を含め、自分たちに実質的利益をもたらすと考えられる点を重視して学校選択をおこなっていることがわかった。

ところで、無認可学校の生徒の多くは、保護者が「機能不全状態にある」と批判したMCD学校の卒業生が進学するのと同じ州立学校に進学していた。この点について保護者がどのように理解しているのか疑問に思われたが、多くの保護者は抵抗を感じていないようであった。というのは、デリーでは前

期初等教育段階でMCD学校に在籍する生徒の多くが上級段階にあがるにつれドロップアウトしており、上級段階の州立学校はMCD学校より一般的に生徒の質が高く、また配置される教員の質も高いとされていた。また無補助私立学校の授業料は、教育段階があがるにつれ高くなるため、保護者にとっては手の届かない存在であった。このような中、保護者は、初等教育の限られた期間だけでもわが子をイングリッシュ・ミディアム・パブリック・スクールである無認可学校に在籍させられることに満足しているようであった。このことは、保護者が調査対象校を、無償ではあるが機能不全状態にあるMCD学校しか選択肢のない貧困層の子どもたちと、小額ではあるが私立学校の教育に投資する余裕のある自分たちの子どもたちとを差異化するものとみなしていることを示唆した。

(5) 無認可学校に対する批判的な見解

以上でみてきたように、調査対象校の保護者の多くは、教員の学歴・保有資格や英語力、また学校の認可状況に関して曖昧あるいは間違った認識をもちながらも、自らの判断基準にもとづき無認可学校の質を評価していた。

保護者の中には、ごく一握りであったが、地域の親戚や知り合いなどを通じて無認可学校の実態を正しく把握している者もみられた。D校のある保護者βは、「教員は地元出身者で、小さい頃から顔見知りのため、大体のバックグラウンドはわかる。彼女たちは誰一人として教員資格をもっていない。第10学年か第12学年修了者が大半で、中には第9学年修了者もいる」と述べた。保護者βはさらに、「教員の英語力は十分ではない・・・。英語を教授言語とするクラスとヒンディー語を教授言語とするクラスの間には違いはない。そもそもこの地域では英語力を必要とする仕事はない」と述べた。

この発言は、無認可学校の現状を正確に理解した数少ない保護者の発言であるという点で、無視できないものである。これまでみてきたように、保護者の多くは学校に関する知識や理解に乏しく、学校の質を客観的に評価する指標がない中、自らの主観的な判断にもとづき無認可学校を評価していた。保護者βの発言は、仮に無認可学校に関する正しい情報が保護者に伝達され

た場合、それでもなおこれらの学校が支持されるのかという疑問を投げかけるものであった。しかし、保護者βは、「教員に問題があると思っても、昔からの知り合いのため不満を言うことはできない」と述べ、経営者や教員に対して意見するつもりはないことを明らかにした。保護者βはさらに、「この地域によい私立学校はなく、あっても授業料が高額でわれわれの手に届かない。われわれには(現在子どもを通わせている無認可学校以外)ほかに選択肢がない」と説明した。つまり、保護者βにとって、調査対象校は認識された選択肢の中の最善の選択肢ではなく、制約がある中での妥当な選択肢だったのである。

保護者βの説明からは、無認可学校の実態について否定的見解をもつ保護者であっても、デリーの階層的な教育構造や居住地域の教育状況、自らの経済状況に鑑み、これらの学校を受け入れる傾向にあることがわかった。こうした保護者の行為は無認可学校の存続・発展にどのような影響をもたらしているのであろうか。以下では無認可学校の存続・発展における保護者の役割について検討する。

4. 無認可学校の存続・発展における保護者の役割

学校活動における保護者の参加は、教育の充実化や学校の発展において有効であると考えられる。そこで筆者は無認可学校の存続・発展における保護者の役割を明らかにするため、保護者と教員に聞き取り調査をおこない、両者が学校運営や教育のあり方などについて協議する機会があるかどうか確認した[11]。しかし、保護者が授業料を納めにいく時に、子どもの学習状況やテストの結果を経営者や教員に確認することはあるが、それ以外の点について保護者が学校と意見を交わす機会はないことが明らかにされた。保護者の中には、「昔の学校では、教員と保護者は親密な関係にあったが、最近ではそういった関係はない」と述べ、学校と地域の関係が変化してきたことを指摘する者もいた。以上のように、無認可学校と保護者の間には協議する機会の欠如による隔たりが認められた。保護者の多くが曖昧なあるいは間違った認

識のもと無認可学校を評価しているという状況は、まさにこうしたコミュニケーションの欠如にこそ原因があると考えられる。無認可学校の教育の質に不満をもつ保護者ですら地域の状況を考慮して学校に対する発言を控えているという事実からも、保護者は授業料を支払うことで無認可学校の存続・発展に寄与する一方、教育の質の向上という意味では学校の発展に寄与する役割を果たしてこなかったと結論づけられる。

5. まとめ

　本章では無認可学校の教育の享受主体である保護者が無認可学校にどのような価値を見出しどのように評価しているのか、また無認可学校の存続・発展においてどのような役割を果たしているのか、保護者の学校選択行為の分析を通じて検討してきた。調査の結果、保護者は教育が何かしらのチャンスを掴むために重要なカギになると考えていることがわかった。また逆に、教育を受けられなければ、変化の中で取り残されてしまうという意識があることもわかった。こうした中、保護者は英語を教授言語としていること、また教員が子ども一人一人に注意を払っていることを理由に無認可学校を選択していた。イングリッシュ・ミディアム・パブリック・スクールは、従来、富裕層や中間層の子弟のみがアクセスできた学校であり、調査対象校の保護者が就学年齢にある頃には手に届かない存在であった。保護者は自分たちの世代では果たせなかったことを、子どもによって実現することで、自らの教育要求を満たしているようであった。

　しかし、学校に関する知識や理解の乏しい保護者の中には、学校の質を客観的に評価する指標がない中、教員の保有資格や英語力、学校の認可状況について不十分なあるいは誤った理解をもったまま学校を選択している者もみられた。この事実は、保護者を「営利目的で無認可学校を運営する経営者に搾取される無知の被害者」と説明するソーシャル・ジュリストの指摘が完全に間違っているわけではないことを示唆している。ただし、これらの保護者は、インドの公教育制度の特徴である公式のステートメントと実態との乖離

を理解し、その上で、教員の保有資格や認可状況よりも、学校の実態としての機能を重視し、無認可学校を選択していた。そして、機能不全状態にある公立学校よりも質の高い教育を求めて無認可学校に子どもを送っていた。

無認可学校の生徒の多くは、経済的理由により、保護者が「機能不全状態にある」と批判したMCD学校の卒業生の進学する州立学校に進学していた。しかし、保護者は、低所得地域の教育環境や自らの経済力に鑑み、機能不全状態の公立学校にしか通わせることができない貧困層の子どもたちとは異なり、初等教育の限られた期間だけでもわが子をイングリッシュ・ミディアム・パブリック・スクールに在籍させられることに満足していた。

多くの保護者が無認可学校に対して肯定的見解を示す中、これらの学校について否定的見解を示す者もみられた。しかし、こうした保護者も、低所得地域の無認可学校を取り巻く諸事情や自らの経済的状況に鑑み、無認可学校に対して不満を述べることはなかった。無認可学校には保護者が学校に意見できるような仕組みは設けられておらず、保護者が個別に学校に意見をするようなこともなかった。つまり、保護者は無認可学校の教育の享受主体として、授業料を支払うことでこれらの学校の発展に寄与していたが、学校の質の向上に寄与するような役割は果たしていなかった。「影の制度」の中心的存在である無認可学校は、このような保護者に支えられ、存続・発展してきたのである。

以上、第3章・第4章では影の規則枠組みを用いる無認可学校が、学校内の行為主体である経営者、教員、保護者に加え、認可私立学校や教育行政官などの学校外の行為主体にも利益をもたらすことで、実態としての正当性を獲得し、存続・発展してきたことを明らかにした。これまでの分析結果から、デリーの教育における「影の制度」は、低所得地域の貧困層の教育ニーズに応え、公教育を支える役割を果たしてきたことがわかった。

しかし、インドでは2010年、無認可学校の存在を否定する連邦法、無償義務教育に関する子どもの権利法が施行され、デリーの無認可学校を含むインド各地の無認可学校は法的正当性を喪失することになった。続く第5章では、連邦法の制定がデリーの無認可学校にどのような影響をもたらしたのか

検討するとともに、連邦政府とは異なる無認可学校の統制方針を提案するデリー私立学校協会とトゥーリーとディクソン、グジャラート州の代替案を分析し、インドにおける教育制度の正規化と子どもの教育権の保障について検討する。

[注]

1 本章は、以下の論文をもとに加筆・修正をおこなったものである。Ohara, Y. (2012b) Examining the Legitimacy of Unrecognised Low-fee Private Schools in India: Comparing Different Perspectives, *Compare,* 42, no. 1, pp. 69-90.
2 北東区の中でも共通試験の結果のよいサルヴォダヤ学校と、評判の悪い非サルヴォダヤ学校が確認された。
3 Government of National Capital Territory (NCT) of Delhi, Directorate of Education (DoE) (2011) *Admission under EWS Quota.* Notification, No. 15 (172)/DE /Act/ 2010/69. http://edudel.nic.in/mis/misadmin/DoeNewPublicCircular.htm（最終アクセス日：2013年11月1日）
4 インドの三輪自転車タクシー。
5 A校では家族を故郷に残してきた離散家族や、父親の飲酒やギャンブル、暴力による家庭内不和が問題となっている世帯が多く、母親や母方の親戚が子どもの面倒をみているというケースも確認された。
6 LFP学校の生徒はMCD学校の生徒も含む何人かの生徒と一緒に学習していた。
7 活動年数が比較的長いD校とG校の保護者の中には、地域の知人・友人から学校情報を入手している者が多くみられた。
8 A校、D校に関しては、回答者の一部がヒンディー語を教授言語とするコースの生徒であった。それにも関わらず、英語を教授言語としている点が学校選択要因の上位にランク入りしている。このことは、英語を教授言語とするコースを提供しているということ自体が、学校の質の高さをあらわすものとして保護者に評価されているといえる。
9 生徒の25％に対して授業料免除を実施していたA校においては、この点に加え、「授業料が低い」ことを学校選択要因としてあげている者が一定の比率でみられた。
10 G校経営者によるとG校展開地域のMCD学校は、生徒数をごまかし教員給与を不正に多く受け取っていたことが発覚しており、地域においても評判がよくないという。
11 保護者と教員の会 (Parents Teacher Association, PTA) の存在についても確認したが、そういった組織は認められなかった。

4-1　住宅地の壁に書かれた地元のパブリック・スクールの情報（手前）

4-2　学校情報の書かれた通学カート

4-3 調査対象校A校の校庭の様子

4-4 無認可学校に設置されたトイレ(男女別)

4-5　調査対象校Ａ校周辺の道路の様子

4-6　調査対象校Ａ校生徒の下校の様子

4-7 調査対象校A校に通う生徒の自宅周辺の様子
　　右側に立っている少年がA校の生徒。その左に座っているのがチャイ屋を経営する父親。

4-8 調査対象校G校の経営者の自宅
　　仕切りの後ろでG校の授業がおこなわれている（口絵写真5参照）

4-9　調査対象校G校生徒の居住地域の様子

4-10　調査対象校G校周辺の認可私立学校

第5章
教育制度の正規化と「影の制度」

無認可学校の子どもたち

第2章から第4章まではデリーの無認可学校が実態としての正当性と法的正当性を獲得してきたことを明らかにした。しかし、インドでは2010年4月に各州の学校教育法規に優先される連邦法、無償義務教育に関する子どもの権利法（2009）（The Right of Children to Free and Compulsory Education Act (2009)、以下、RTE法）が施行され、認可条件を満たさない学校は認められないことになった。これによって、デリーを含むインド各地の無認可学校は閉鎖を迫られることになった。本章ではまず、RTE法に示される連邦政府の無認可学校に対する統制方針を確認する。そしてRTE法とその施行を受けて制定されたデリー無償義務教育に関する子どもの権利規則[1]を参考に、RTE法施行後のデリー政府の無認可学校に対する統制方針を明らかにする。次いで第2節では、デリー政府の無認可学校に対する統制方針に加え、これとは異なる統制方針を提案するデリー私立学校協会、トゥーリーとディクソン、そしてグジャラート州の代替案を分析し、これらを学校の正規化の実現と子どもの教育権の保障という観点から評価する。ここでは、RTE法施行後、無認可学校の閉鎖を回避するためにデリー連邦首都圏教育局（以下、デリー教育局）に認可条件の緩和を要請した協会の行為にも着目し、無認可学校と認可私立学校の関係性を分析する。最後に第3節ではインドにおける教育制度の正規化に向けた課題について論じる[2]。

1. RTE法と無認可学校の法的正当性の喪失

　2002年の憲法改正によって、指導原則に定められてきた初等教育就学年齢（6歳から14歳に相当）の児童に対する無償義務教育に関する条項は、基本権の項目に取り入れられることになった。これによって、無償義務教育の不履行は、憲法に違反し、法的制裁に値する行為とみなされることになった。憲法改正を受け、2010年4月にはインドの初等教育史上初の連邦法、RTE法が施行された。RTE法には、無償義務教育に関する子どもの権利を保障するため、さまざまな規定が定められた。以下では、その中でも無認可学校に影響を与える規定についてみていく。まず、RTE法第18条第1項では、政

府や地方自治体の設置・所有・統制する学校以外の学校は規定の申請書を作成し、当該機関より認可証明書を取得しない限り、設置・運営されてはならないことが定められている。また、第19条第2項には、憲法施行前に設置された学校が規定された規範や規準を満たしていない場合、法の施行から3年以内に独自の費用でこれらの規範や基準を満たす必要があることが定められている。さらに第18条第5項では、法に反して政府から認可を得ずに学校を運営する者に対しては、Rs.10万（約20万円）あるいは1日Rs.1万（2万円）の罰金が課されることが定められている。つまり、インド各地に展開する無認可学校は、RTE法の施行によってその法的正当性を喪失することとなったのである。これらの条項からは、認可条件を満たしていない学校を公教育制度から除外し、教育制度の正規化を図ることで、子どもの教育権を保障しようとする連邦政府の意図を読み取ることができる。

　RTE法第38条には、RTE法に規定された事項の実施方針を明確にするため、各州が各々のRTE法を制定することが定められた[3]。これに従い、デリーでは2011年11月に、デリー無償義務教育に関する子どもの権利規則が制定された。RTE法およびRTE法にもとづき制定された各州の規則は、各州の既存の関連諸法規に優先される。この原則により、デリー学校教育法規のもとおこなわれてきたデリーの私立学校の認可は、RTE法とデリー無償義務教育に関する子どもの権利規則に規定された認可条件が優先されおこなわれることとなった。本研究で明らかにしてきたように、無認可学校にとって満たすことが困難な認可条件は、教員資格、教員給与、教育設備や敷地面積に関する条件であった。

　以下では、これらの条件が、デリー無償義務教育に関する子どもの権利規則においてどのように規定されているのかを確認し、RTE法施行後のデリー政府の私立学校に対する統制方針を明らかにする。

　まず、教員資格については、RTE法第23条第1項に従うことが定められている。RTE法第23条第1項では、認可学校の教員は、連邦政府が承認した学術関係当局の定める最低限の資格を保有している必要があることが定められている。ここでいう「学術当局」とは、インド連邦政府および州政府の

教員教育に関する諮問機関である全国教員教育協会のことを意味した。全国教員教育協会は、これを受けて2010年8月に、教育学のディプロマあるいは学士号を初等学校教員に最低限必要な資格と定めた[4]。これは既存のデリー学校教育法規に定められた内容と一致するものであった。教員資格の条件の緩和は、州政府が連邦政府に要請した場合に限って検討されるが[5]、デリーに関しては全国教員教育協会の規定に準拠する方針である。したがって、デリーにおいてはRTE法の施行によって教員資格に関する認可条件の内容が変更することはなかった。

教員の報酬や勤労条件に関しては、デリー無償義務教育に関する子どもの権利規則では、「政府や地方自治体が通知する」という以外、詳細は定められていない。またRTE法第23条第3項では、教員の給与や報酬、勤労条件については、本法のもと制定される規則に従うべきことが定められている。ここでいう「本法のもと制定される規則」とはデリー無償義務教育に関する子どもの権利規則を意味する。RTE法およびデリー無償義務教育に関する子どもの権利規則が言及していない事項に関しては、既存のデリー学校教育法規が参照される。つまり、教員給与に関する認可条件はRTE法施行前と変わらず、給与委員会の示す給与水準が維持されることになった。

さらにデリー無償義務教育に関する子どもの権利規則では、教育設備や敷地面積などに関しては、RTE法の付則に記された条件に従うことが定められている。付則には、すべての教員が少なくともひとつの教室をもつこと、校庭を設置することなどが規定されているが、敷地面積に関する具体的数値は示されていない[6]。つまり敷地面積についても、既存のデリー学校教育法規が参照されることとなった。

デリー無償義務教育に関する子どもの権利規則の内容は、デリーにおける学校認可がRTE法の施行前とほぼ同じ条件でおこなわれることを示唆するものであった。つまり、デリーの無認可学校にとって、RTE法施行前後で大きく異なるのは、デリー学校教育法規のもと認められてきた法的正当性を喪失するということであった。こうして、デリーの無認可学校は、ふたたび閉鎖の危機に直面することになったのである。

第5章　教育制度の正規化と「影の制度」　163

　ここまでは、RTE法の分析を通じて連邦政府の無認可学校に対する統制方針を確認するとともに、RTE法の施行を受けて制定されたデリー無償義務教育に関する子どもの権利規則を参考に、RTE法施行後のデリー政府の無認可学校に対する統制方針を確認してきた。以下ではデリー無償義務教育に関する子どもの権利規則に示されるデリー政府の無認可学校に対する統制方針に加え、これとは異なる統制方針を提案するデリー私立学校協会とトゥーリーとディクソン、そしてグジャラート州の代替案を分析し、これらを学校の正規化と子どもの教育権の保障という観点から評価する。

2. 無認可学校の統制方針とその評価

(1) 厳格な認可基準にもとづく統制

　ここではまず、デリー政府の無認可学校に対する統制方針について評価する。デリー無償義務教育に関する子どもの権利規則は、すべての私立学校を厳格な認可基準のもと統制し、学校制度の正規化を図るものである。この統制方針は、ソーシャル・ジュリストがデリー高等裁判所で主張した方針と一致する。しかし、第3章でも述べたように、無認可学校の多くが認可条件を満たすために必要な資本を有していないこと、またこれらの学校の展開する低所得地域では有資格教員が不足していることなどを考えると、厳格な認可基準のもと学校の正規化が進められれば、多くの無認可学校は閉鎖を余儀なくされ、そこで学ぶ生徒の多くは機能不全状態の公立学校に編入学させられることになる。

　RTE法のもとでは、定められた諸義務を履行しない各行為主体には法的制裁が下される。連邦政府はこのRTE法のもと、公立学校がその教育義務を果たし、改善されていくことを期待しているが、機能不全状態にあると指摘されてきた公立学校の改革にはそれなりの時間を要すると考えられる。子どもにとって学齢期という時期はその時しかなく、いつ実現するかわからない改革への期待は、学習喪失世代のさらなる増加をもたらしかねない。またデリーの無認可学校の生徒数は数十万人にのぼるとされ、公立学校がこれら

の生徒全員を受け入れるキャパシティーを有しているとは考えにくい。仮に受け入れた場合、生徒数の急激な増加によって教育の質の低下は免れないであろう。したがって、厳格な認可基準にもとづく学校の正規化は、RTE法の目的である子どもの教育権を保障するどころか侵害する危険性がある。

続いて、以下ではデリー私立学校協会の提案する無認可学校の統制方針について検討する。

(2) 無認可学校の経済状況に配慮した統制

デリー高等裁判所の判決によって無認可学校が閉鎖の危機に追い込まれた際、デリー私立学校協会は無認可学校と提携し、これらの学校を擁護する立場からその法的正当性を証明し、判決を覆すことに成功した。しかし、RTE法の施行によって無認可学校がふたたび閉鎖の危機に直面することとなり、協会はこれを回避する方策を検討していた。筆者との聞き取り調査で、協会は、「現行のデリー学校教育法規に規定される認可条件は、貧困層を対象に教育を提供する小規模の私立学校にとって厳しすぎる。インドのようにきわめて複合的な社会においては、学校は同一の基準では統制しえない」と述べ、デリー学校教育法規の定める認可条件が、富裕層や中間層を対象とする私立学校を前提に設定されていることを指摘した。そして、貧困層を対象とする私立学校が閉鎖に追い込まれないようにするためには、認可条件を緩和する必要があると述べた。

RTE法のもとでは教員給与の認可条件については各州政府が設定できた。協会はこの点に着目し、教員給与については各学校が生徒から徴収する授業料の金額に応じて支払うという方針を連邦政府機関である人的資源開発省のシバル省長とディクシットデリー州知事に提案したことを明らかにした[7]。この提案は、貧困層の子弟からの授業料収入をおもな財源とする無認可学校の経済状況に配慮した統制方針であった。この提案が受け入れられれば、教員給与に関する条件が認可取得の妨げになっていた無認可学校は、認可を取得して、RTE法およびデリー学校教育法規のもと合法的に存続することが可能となる。協会が提示する統制方針は、経済的な理由で認可条件を満たす

ことができない無認可学校の一部がRTE法の枠組みのもと法的正当性と実態としての正当性を同時に達成できる方針であった。

こうした協会の提案に対して、政府はどのような反応をみせたのであろうか。人的資源開発省のシバル省長は、自己利益を追求する目的で運営される私立学校の存在を否定する一方で、貧困層を対象に質の高い教育を提供する私立学校が財源不足を理由に認可を取得できない事態は問題であると述べた。シバル省長は無認可学校の存在を否定するRTE法起草委員会の議長（当時は科学省長官）を務めた人物であったが、低額私立学校（Low-fee Private Schools、以下、LFP学校）の意義に理解を示す見解を示したのである。さらにシバル省長はRTE法施行直前にデリーのディクシット州知事を訪問し、デリー学校教育法規に規定された敷地面積や教員給与などの学校認可条件を見直すよう要請していたことが明らかにされた[8]。その結果、2011年4月にデリー学校教育法規の見直しを検討するために設置されたデリー学校教育法規検討委員会では、協会の提案が受け入れられ、学校認可条件の見直しが議題に取り入れられることとなった[9]。そして2013年には学校の敷地面積に関する認可条件が見直されることになったのである[10]。

デリー私立学校協会による政府へのはたらきかけは、最高裁の判決以降2年近くにわたって据え置かれてきた無認可学校の統制方針に関する議論を一歩前進させたといえる。人的資源開発省長やデリー州知事がLFP学校に対して寛容な態度を示す様子からは、初等教育就学人口の急速な増加とそれにともなう教育ニーズの多様化に政府だけでは対応しきれないという政府の本音がみてとれる。政府は表向きにはこれらの学校を厳格に取り締まる姿勢をみせたが、実際には無認可学校の役割を否定することができなかったと考えられる。認可条件の見直しは、政策と実態との間の乖離を埋める打開策として検討の価値があると考えられたのであろう。認可条件を緩和するという協会の提案は、無認可学校に在籍する子どもの教育権を保障しながらこれらの学校の正規化を実現する方法があることを示すものであった。

注目に値するのは、デリー教育局にはたらきかけたのが、認可私立学校と無認可学校の加盟する協会であったという点である。協会に加盟する認可私

立学校の多くは無認可学校を同時に経営する私立学校グループ傘下の学校であった。そのため、無認可学校の閉鎖の問題は、私立学校協会に加盟する認可私立学校に無関係な問題ではなかった。デリーの無認可学校が、政府の厳格な統制方針に対して調整を図ることができたのには、こうした認可私立学校と無認可学校を同時に運営する私立学校グループの存在によって、無認可学校が「正当化された組織」である認可私立学校とより広範な連携を実現する基盤が形成されていたことが理由のひとつとしてあげられる。

ここまでは、デリー私立学校協会が提案する無認可学校の経済状況に配慮した統制方針について分析してきた。続いて、以下では、トゥーリーとディクソンが提案する無認可学校の質向上に向けた統制方針について検討する。

(3) 教育評価システムを用いた民間セクター内の自己統制

トゥーリーとディクソンは、インドでは政府による統制は不正をともなうと主張し、これに代替する統制方針として「民間セクター内の自己統制」を提案している。これは、民間セクター内で開発した教育評価システムを用いてLFP学校を統制しようとするものである[11]。具体的には、まず民間の外部評価機関に、学校設備などのインフラに加え、教員や生徒の英語の熟練度、生徒の学習状況など、教育の質やその成果の進展について評価させる。評価機関はその結果を保護者の目に留まる形で情報開示する。これによって、保護者に選ばれる立場にあるLFP学校は、自らの評判を良くしようと学校の質を向上させる努力をする。教育評価システムを用いた民間セクター内の自己統制は、政府の統制や補助を受けることなく自発的に発展してきた無認可学校の経緯を考慮し、市場原理と学校関係者の自助努力の組み合わせによって教育の質向上を図る仕組みであるといえる。

共通試験の実施される中等教育段階では学校ごとの結果が公開されるため、保護者はこれらを参考に学校の質を評価することができる。しかし、第4章でも明らかにしたように、初等教育段階では学校の教育の質や成果を測定する客観的な共通指標が存在しておらず、保護者は経営者や教員からの情報や近所の噂、自身の主観的な評価にもとづいて学校を選択していた。ただし、

保護者自身が十分な教育経験をもっていなかったり、経営者や教員が学校情報を適切に伝えていなかったりしたため、保護者の間では学校を正しく評価するのに必要な知識や理解に差がみられた。教育評価システムを用いた民間セクター内の自己統制は、こうした情報格差の問題を解決するものである。

トゥーリーとディクソンの提案する統制方針は、アンドラ・プラデーシュ州のLFP学校関係者の有志の間で試験的に実施されてきた。しかし、アンドラ・プラデーシュ州では、RTE法施行後、厳格な認可基準にもとづく学校の正規化が目指され、州政府の指導のもとすでに350校の無認可学校が閉鎖に追い込まれている[12]。アンドラ・プラデーシュ州の例は、各州政府が無認可学校に対する理解を示し、既存の認可基準を見直さない限り、トゥーリーとディクソンの提案するような教育評価システムを用いた民間セクター内の自己統制は意味をなさないことを明らかにしている。

これに対して、グジャラート州はRTE法の施行を受け、インドの州政府としてはじめて生徒の学習成果に重点をおく私立学校の認可方針を発表している[13]。以下では、このグジャラート州の統制方針を分析する。

(4) 生徒の学習成果にもとづく学校認可

グジャラート州は、生徒の学業成績の絶対評価に加え、過去の学業成績からの進度に重点をおく私立学校の認可方針の導入を発表している。同州はそれぞれの評価の比重も明らかにしており、前者については30％、後者に関しては40％と定めている[14]。このほかの評価項目としては、学校設備などのインフラや教員資格(15%)、非アカデミックな成果(課外活動や人格など)や保護者からのフィードバック(15%)が含まれている。生徒の学業成績の絶対評価のみを認可基準にすると、生徒の学力が高い学校(それはたいていの場合、富裕層や中間層の子弟の学校を意味した)のみが認可されることになる。しかし、過去の学業成績からの進度が評価項目に含まれれば、貧困層の子弟を対象とする無認可学校の中でも、生徒の学習成果の向上に向け対策を取る学校は閉鎖を免れる可能性がある。絶対評価の水準をどう設定するのかという課題は残るが、グジャラート州の認可方針は、無規則状態にあった無認可学校の教

育の質や成果の改善を促すものであり、子どもの教育権の保障につながる統制方針であると考えられる。

　ここまでは、無認可学校に対する統制方針について、学校の正規化の実現と子どもの教育権の保障という観点から評価してきた。デリー私立学校協会やトゥーリーとディクソン、グジャラート州の提案する統制方針は、私立学校の認可制度の問題や、貧困層の子どもの置かれた状況に配慮した統制方針であった。しかし、トゥーリーとディクソンの統制方針が試験的に実施されていたアンドラ・プラデーシュ州では、政府が無認可学校に対する理解を示さなかったため、無認可学校は閉鎖を強いられることとなった。このことは、厳格な認可基準にもとづく統制方針のもとでは、多くの無認可学校が閉鎖を強いられる可能性があることを示している。一方、デリーにおいては、認可条件の見直しを要請する協会の提案がデリー教育局に受け入れられ、敷地面積に関する認可条件が緩和された。またグジャラート州では州政府自らが認可条件を見直す方針を示した。こうした認可条件の見直しは、一定の条件を満たした無認可学校を正規化し、これらの学校の存続を可能にするものであった。以上の分析結果をふまえ、以下ではインドにおける教育制度の正規化の課題について検討する。

3. 教育制度の正規化と子どもの権利保障の課題

　RTE法のもと無認可学校の法的正当性が否定され、これらの学校は閉鎖を余儀なくされるか、あるいは何らかの認可条件の緩和によって、正規化されることになった。しかし、子どもの権利保障を実現する上で、いずれの場合も問題となるのは、教員の質の問題である。第4章でも確認したように、無認可学校の教員は、保護者から「よい教員」として評価されていたが、そのほとんどは無資格教員であった。教員の質は、教育の質や成果に直接的影響を与えるものであり、妥協できない点である。その一方で、無認可学校の展開する低所得地域では有資格教員が不足しているのが現状である。仮に政府がこうした状況に配慮し、教員資格の認可条件を緩和して無資格教員の継

続採用を認めるのであれば、子どもの教育権を保障するためにも教員の質向上に向けた対策を講じていく必要がある。また逆に教員資格の認可条件を緩和せず、その結果、無認可学校が閉鎖されてこれらの学校に在籍していた子どもが近くの公立学校に編入学することになった場合も、教員の質は問題となる。本研究でも明らかにしてきたように、公立学校の教員は資格を有していたとはいえ、教育を適切におこなっているわけではなかった。公立学校で学ぶ多くの貧困層の子弟の教育権を保障するためにも、これらの学校の教員の質向上に向けた対策が講じられる必要がある。

　教育制度の正規化におけるもうひとつの課題は、政府による非公式な学校統制の問題である。これまで政府が示してきた私立学校の認可条件は、零細資本の学校が満たすことの困難な条件であった。教育行政官はこの厳格な認可条件を個人的利益を得るための手段として利用し、認可条件を満たさない学校を非公式に認可してきた。こうして不正に認可を取得した学校は、公教育制度内で見せかけの認可学校として存続してきた。各州の既存の学校教育法規では、政府は認可学校を視察し、認可条件を満たしていない学校については、認可を取り下げることが定められている。しかし、実際には教育行政官に賄賂を継続的に支払うことで、すなわち影の規則枠組みを用いることで見せかけの認可学校として存続する学校があることが確認されている。認可条件を満たしていない認可学校の認可取り下げについては、RTE法においても定められている。しかし、RTE法施行後の教育制度の正規化に関する議論では、おもに無認可学校の正規化に関心が寄せられ、非公式な認可手続きやそれによって公教育制度内に形成された見せかけの認可学校の実態についてはこれまでのところ議題にあがっていない。教育制度の正規化の議論が無認可学校に焦点を置く傾向は、デリー高等裁判所における一連の議論でもみられた。したがって、厳格な認可条件が維持されれば、教育制度の正規化どころか、公教育制度内に見せかけの認可学校を増加させるという矛盾した結果を生じさせる可能性がある。このことは、教育制度の正規化は、無認可学校の閉鎖によって実現されるわけではなく、影の規則枠組みが正規化されない限り達成されないことを示している。

最大の問題は、こうした政府の非公式の統制によって生じた制度矛盾を政府以外の学校関係者が受容してきたという点である。学校関係者が制度矛盾に対して声を上げない限り、政府が自らの統制のあり方を正規化する動機は薄れてしまう。法的拘束力をもつRTE法は、貧困層の子どもを取り巻く教育環境を改善する可能性を有している。RTE法では、全国子どもの権利保護委員会や子どもの権利保護州委員会がRTE法の実施状況を監視し、遵守されていない場合には法廷に訴える役割をもつことが定められている。しかし、学校関係者の間で制度矛盾が受容され、子どもの権利が軽視されてきたインドにおいて、こうした措置がどれほど有効であるのかは現時点では明らかではない[15]。公的なステートメントと実態との乖離を特徴としてきたインドの教育制度の改革において重要なのは、どのような政策や仕組みを構築するのかということより、むしろそれを利用する各行為主体の認識や行為がどのように変わるのかということであるように思われる。

　ここでは、教育制度の正規化における課題として、教員の質向上と政府の非公式な学校統制の改善をあげた。これらはいずれも時間を要する課題である。しかし、長期的課題であるからといって、緊急性がないわけではない。教員の質向上に向けた対応が遅れれば遅れた分だけ、インドの教育制度は教育の普遍化時代に学習喪失世代を生み出すことになる。また政府の非公式な学校統制が変わらなければ、インドの教育制度は公式のステートメントと実態との乖離という特徴を維持することになるであろう。

4. まとめ

　本章では2010年に施行されたRTE法によって、「影の制度」の中心的存在である無認可学校がどのような影響を受けるのかについて分析してきた。まず最も大きな影響として、インド各地に展開する無認可学校がその法的正当性を喪失することになったことを述べた。デリーにおいてはRTE法を実施するための規則としてデリー無償義務教育に関する子どもの権利規則が制定されたが、ここに定められた認可条件の分析結果から、デリーの私立学校

に対する統制方針は、RTE法施行前後で違いがないことが明らかとなった。つまり、デリー無償義務教育に関する子どもの権利規則にみられる政府の統制方針は、厳格な認可条件を維持するものであり、これによってデリーの無認可学校はふたたび閉鎖の危機に直面することになった。

しかし、デリーでは認可私立学校と無認可学校によって構成されるデリー私立学校協会が、デリー教育局に学校認可条件を見直すよう要請し、敷地面積に関する認可条件を緩和することに成功していることが明らかとなった。協会の提示する統制方針は、既存の認可条件を見直すことで、経済的な理由により認可条件を満たすことができない無認可学校の一部を正規化し、これらの学校に在籍する子どもの教育権を保障する方法があることを示すものであった。なお、協会が無認可学校を擁護したのには、この協会に加盟する認可私立学校の多くが無認可学校を同時に運営する私立学校グループ傘下の学校であったためであった。

一方、トゥーリーとディクソンの提案する教育評価システムを用いた民間セクター内の自己統制が試験的に実施されてきたアンドラ・プラデーシュ州では、政府が厳格な認可基準のもと無認可学校を統制する方針を示し、数百もの無認可学校が閉鎖に追い込まれた。これに対して、グジャラート州は、生徒の学習成果に重点をおく認可方針の導入を発表した。このように、政府の統制を受けず公教育制度外で存続・発展してきたインド各地の無認可学校の展望は、RTE法施行以降、それぞれが展開する州の統制方針に大きく依存することとなった。無認可学校は、公立学校が機能不全状態にある中、政府から補助を受けることなく公教育を支えてきた。本章で取り上げたデリー私立学校協会やトゥーリーとディクソン、グジャラート州の提案する統制方針は、無認可学校を一方的に否定するのではなく、これらの学校の自発的な試みをインドの教育制度の発展に生かす方針であり、無認可学校に対する明確な統制方針を打ち出していない各州政府にとっても検討の価値があるように思われる。

本章では、教育制度の正規化における課題として、教員の質向上と政府の非公式な学校統制の課題についても論じた。両者は長らく軽視されてきた子

どもの教育権を保障し、公式のステートメントと実態との乖離を特徴としてきたインドの教育制度を抜本的に改革するために不可避の課題である。留意すべきは、教育行政官が非公式な学校統制をおこなう際に用いた影の規則枠組みが正規化されない限り、教育制度の正規化は実現されず、「影の制度」は公教育制度内にそのスペースを維持するという点である。つまり「影の制度」は無認可学校の閉鎖によって消滅するわけではないのである。

終章では、第1章から第5章までの論考をふまえ、インドの教育における「影の制度」について総合的に分析する。

[注]

1 Government of National Capital Territory (NCT) of Delhi, Directorate of Education (DoE) (2011) *The Delhi Right of Children to Free and Compulsory Education Rules,* 2011. http://righttoeducation.in/sites/default/files/Delhi%20rte%20rules%202011.pdf（最終アクセス日：2013年11月1日）

2 本章は、以下の論文をもとに加筆・修正をおこなったものである。Ohara, Y. (2013) The Regulation of Unrecognised Low-fee Private Schools in Delhi and the Right to Education Act, in P. Srivastava (ed) *Low-fee Private Schooling: Aggravating Equity or Mediating Disadvantage?* Oxford: Symposium Books, pp. 153-177.

3 RTE法が発表された当時は、連邦政府が作成したモデル・ルールをもとに各州がそれぞれの規則を制定することになっていた。Government of India (GoI), Ministry of Human Resource Development (2010) *Model Rules under the Right of Children to Free and Compulsory Education Act, 2009.* National Informatics Centre (NIC), India. http://mhrd.gov.in/sites/upload_files/mhrd/files/RTI_Model_Rules.pdf（最終アクセス日：2013年11月1日）

4 GoI (2010) *The Gazette of India: Extraordinary, National Council for Teacher Education Notification* (23 August 2010) F. No. 61-03/20/201/NCTE/ (N&S). NIC India. http://www.ncte-india.org/Norms/RTE-3.pdf（最終アクセス日：2013年11月1日）

5 第23条第2項では、教員資格の認可条件の緩和を求める州に関しては、状況に応じてそれが認められるケースがあることが明記されている。ビハールやオリッサなどの後進州はすでに連邦政府から教員資格の認可条件を緩和することが認められている。

6 付則には、認可学校における教員の人数、建物、年間の最低勤務日数／教育時間、週間の最低勤務時間、教育・学習設備、図書館、遊具・ゲーム・スポーツ設備などについて規定が定められている。

7 デリーの私立学校を授業料に応じて5段階、すなわち、1) Rs. 500以下、2) Rs. 501〜Rs. 1,000、3) Rs. 1,001〜Rs. 1,500、4) Rs. 1,501〜Rs. 2,000、5) Rs. 2,001以上に分類することを提案している。デリー私立学校協会がデリー教育局に提出した嘆願

第 5 章　教育制度の正規化と「影の制度」　173

書（2010 年 6 月 11 日、2010 年 7 月 12 日）より。
8　The Times of India (2010), *Sibal for Easing Norms to Let Small Schools Stay* (2010 年 2 月 21 日) http://articles.timesofindia.indiatimes.com/2010-02-21/india/28125850_1_delhi-school-education-act-small-schools-kapil-sibal（最終アクセス日：2013 年 11 月 1 日）
9　Jagran Post (2011), *Delhi Government Forms Committee to Overhaul Education System* (2011 年 5 月 1 日) http://post.jagran.com/delhi-government-forms-committee-to-overhaul-education-system-1304237182（最終アクセス日：2013 年 11 月 1 日）
10　Kaur, J. (2013), *Delhi Goes Easy on RTE Land Norms for Schools* (2013 年 3 月 29 日) http://www.governancenow.com/news/regular-story/delhi-goes-easy-rte-land-norms-schools（最終アクセス日：2013 年 11 月 1 日）
11　Tooley, J. and Dixon, P. (2005a) An Inspector Calls: the Regulation of 'Budget' Private Schools in Hyderabad, Andhra Pradesh, India, *International Journal of Educational Development*, 25, pp. 269-285.
12　The Times of India (2012), *Government to Close Down 350 Unrecognised Schools in Hyderabad*（2012 年 6 月 2 日) http://articles.timesofindia.indiatimes.com/2012-06-02/news/31983414_1_rte-guidelines-schools-unrecognised（最終アクセス日：2013 年 11 月 1 日）
13　グジャラート州が示す統制方針には、全体にわたって子どもの教育権に対する配慮がみられ、厳格な認可基準にもとづく統制方針よりも柔軟なものとなっている。
14　Shah, P. (2012) *Gujarat Innovates a New Trail in Right to Education*（2012 年 4 月 13 日）http://schoolchoice.in/blog/?p=5521（最終アクセス日：2013 年 11 月 1 日）
15　子どもの権利保護州委員会が設置された州においては、保護者たちの間で子どもの教育権の保障に対する意識の向上がみられ、法に訴える手段を利用しようとする者が徐々にみられるようになってきたという報告がある。その一方で、いまだに子どもの権利保護州委員会が設置されていない州もあり、期待された役割を果たしていないという声もあがっている India Edunews.net (2011) *NCPCR Seeks Redressal Mechanism for RTE Law* (2011 年 4 月 1 日) http://www.indiaedunews.net/Today/NCPCR_seeks_redressal_mechanism_for_RTE_law_13787/ （最終アクセス日：2013 年 11 月 1 日）

終　章
「影の制度」の役割・課題・展望

認可取得した調査対象校

本書では、公教育制度の枠外で存続・発展してきた無認可学校とそこに関わる行為主体、および各行為主体が無認可学校の発展のために用いる影の規則枠組みの総体を「影の制度」と捉え、その実態を分析してきた。本章ではこれまでの論考をふまえ、インドの公教育制度と「影の制度」に関する課題について明らかとなった点を順にみていく。その上で、「影の制度」の役割と課題、展望を検討し、インドの教育における「影の制度」について総合的に考察する。そして最後に、本研究の課題と今後の展望について述べる。

1. インドの公教育制度と「影の制度」

本書では、インドの無認可学校の発展の背景と役割について理解を深めるため、インドにおける教育の普遍化政策の歴史的変遷と公教育制度の構造的特徴の解明をまず第1の課題とした。そして、第2～第5の課題では、インドの教育における「影の制度」の実態を解明するため、その中心的存在である無認可学校の存続・発展メカニズムを法的正当性と実態としての正当性の獲得という観点から分析してきた。第2の課題は無認可学校の法的正当性に、第3～第5の課題は、無認可学校の実態としての正当性に関連するものである。以下では、これらの課題について明らかとなった点について述べていくことにしたい。

(1) 教育の普遍化政策と公教育制度の構造

第1の課題は、インドにおける教育の普遍化政策の歴史的変遷と公教育制度の構造的特徴を解明することであった。インドでは植民地時代より、無償義務教育法の強制執行による就学促進が目指されてきた。しかし各州政府は無償義務教育を実施するだけの財政的余裕がなく、児童の多くは経済的な理由により就学が困難な状態にあった。独立後に制定されたインド憲法の指導原則には、無償義務教育に関する規定が取り入れられた。しかしこの指導原則は、インドの社会政策の基本原理を示すものであり、そこに規定された事項が実施されなかったとしても法的に制裁されるわけではなかった。そのた

め、多くの州では無償義務教育法が制定されてこなかった。また無償義務教育法を制定した州においても、就学困難な者への配慮という理由で、就学免除を合法的に認めるさまざまな例外規定が定められた。こうした無償義務教育法は、子どもを就学させる保護者の義務不履行のみならず、政府の義務教育の不履行を正当化し、法的拘束力を有してこなかった。

　教育の普遍化を無償義務教育法の強制執行によって実現しようとするアプローチの限界が明らかとなり、これに代わる方法として、教育の無償化政策や制服・教科書・給食の無償提供をおこなうインセンティブ政策が実施されることとなった。1990年代には初等教育の普遍化に向けたさまざまな政策が導入され、学校や教室の増設、教員の増員が進められた。これによって就学率は確実に向上した。しかし、量的拡大を重視した普遍化政策は、学校現場に大きな混乱をもたらした。急増する就学人口に対して教員の育成が追いつかず、1人の教員が学校運営のすべてを切り盛りする1人教員学校が設置されたりした。学習第一世代の子どもで溢れかえった公立学校の教室は、十分な訓練を受けていない教員のもと機能不全状態に陥った。経済発展にともなう公立学校の教員給与の上昇は、教員と貧困層の家庭出身者が多くを占める生徒との間の隔たりをより顕在化させた。しかし政府はこれらの学校の視察を適切におこなわず、公立学校では教員の欠勤や怠惰な勤務態度、モチベーションの低下といった問題が慢性的に発生していた。こうして、インドにおける教育の普遍化は、就学率や出席率の増加という数値上の成果をもたらしたものの、実態のともなわない教育を受けた「学習喪失世代」を多く生み出してきた。こうした政策と実態との乖離はインドの教育の特徴をあらわすものであった。

　教育の普遍化の実現に向けて公立学校を中心に教育の無償化が進められる一方、インドでは国民の所得向上を背景に、有償教育をおこなう無補助私立学校が拡大してきた。これらの学校の中には、富裕層や中間層の子弟を対象とする高額・中額の私立学校のみならず、貧困層の子弟を対象とする低額私立学校 (Low-fee Private Schools、以下、LFP学校) も含まれた。無補助私立学校は、教員の勤務態度や教育の質の面で公立学校よりも優れていると評価され、す

べての教育段階で拡大傾向にある。これらの学校が急速に拡大するデリーでは、公立学校に対する信頼回復を図るため、公立学校改革が進められてきたが、その改革のあり方は、教授言語の英語化や学校の一貫校化、入学試験の導入など、富裕層や中間層対象の私立学校を模倣するものであった。その結果、デリーの公立学校は階層化・序列化し、デリーの学校制度は、富裕層や中間層の子弟を対象とする初中等一貫のイングリッシュ・ミディアム・パブリック・スクール（英語を教授言語とする私立学校）を頂点に序列化する州立学校が続き、機能不全状態の政府系初等学校（とくに都市自治体（Municipal Corporation of Delhi、以下、MCD）の運営する公立学校）を底辺に置く階層的な構造を呈してきた。

(2) デリーの無認可学校の法的正当性

　第2の課題は、デリーの無認可学校の法的正当性を検討することであった。デリーの無認可学校の法的位置づけは幾度かにわたり変化してきた。無認可学校は、認可学校に通学しない子どもを想定したデリー学校教育法規のもと、公教育制度外で存続・発展してきた。しかし、2008年にデリー高等裁判所でおこなわれた裁判では、無認可学校の法的正当性が否定され、これらの学校は認可学校に昇格するか閉鎖すべきという判決が下された。この判決に対して、デリーの無認可学校の見解を代弁するデリー私立学校協会が異議申し立てをおこない、デリー学校教育法規の内容が詳細に検討された。その結果、最高裁判所は、無認可学校がデリー学校教育法のもと存在しうるという見解を明らかにした。しかし、2010年には各州の学校教育法規に優先される連邦法、無償義務教育に関する子どもの権利法（2009）（The Right of Children to Free and Compulsory Education Act (2009)、以下、RTE法）が施行され、認可条件を満たさない学校は認められないことになった。以上のように、州法のもと法的正当性が承認されたデリーの無認可学校は、連邦法の制定によってその法的正当性を喪失することになった。

(3) デリーの無認可学校と「影の規則枠組み」

　第3の課題は、デリーの無認可学校がどのような非公式の規則や手続き（影の規則枠組み）を用いて、法とは無関係に成立する正当性、すなわち実態としての正当性を獲得してきたのかを明らかにすることにあった。無認可学校は、デリー学校教育法規のもとその存在が認められてきたが、政府の認可を受けない非正規の学校であった。そのため調査対象校の経営者は、公式の規則枠組みやそれに準拠する正規学校を参考にし、組織としての不確実性を軽減しようとしていた。たとえば、調査対象校では正規の学校と同様のカリキュラムが導入されていた。また、正規の学校を模倣して授業料免除制度を導入したり、富裕層や中間層の子弟が通うイングリッシュ・ミディアム・パブリック・スクールを模倣して英語を教授言語に取り入れたりしていた。しかし、貧困層の子弟を対象とする調査対象校では、富裕層や中間層の子弟が通うイングリッシュ・ミディアム・パブリック・スクールと完全に同じ条件で教育をおこなうことはできず、授業料徴収に関する手続きや英語レベル、学習評価方法などは、生徒の経済状況や学力にあわせて柔軟におこなわれていた。こうした柔軟な手続きは、より多くの貧困層の子弟を惹きつけ、それによって無認可学校の主たる財源である授業料収入をより多く確保するのに役立っていた。

　デリーでは無認可学校の卒業生が認可学校に進学・編入学するために利用できる公的に認められた制度があったが、調査対象校の中には、政府とのやりとりが生じる公式の進学・編入学手続きを回避し、認可私立学校から公式の修了証明書を非公式に購入・調達することで、卒業生を州立学校に進学させている学校もあった。また認可条件を満たしていないにも関わらず、教育行政官から不正に認可を取得し、見せかけの認可私立学校として活動を継続する学校もあった。こうして非公式に認可を取得した学校は、二重帳簿を作り、公式の規則枠組みを成立させていた。

　以上のように、スリヴァスタヴァがウッタル・プラデーシュ州でのLFP学校調査をふまえて考案した影の規則枠組み（LFP学校関係者が用いる非公式の規則や手続き）は、デリーの無認可学校においても用いられており、無認可学校

が、貧困層の保護者から支持を得て、実態としての正当性を獲得する上で重要な役割を果たしていることがわかった。ただし、筆者が分析したデリーの無認可学校では、スリヴァスタヴァが明らかにしたのとは異なる非公式の規則や手続きが確認された。

インドの後進州として知られるウッタル・プラデーシュ州で調査をおこなったスリヴァスタヴァの研究では、すべての学校が生徒の母語であるヒンディー語を教授言語としており、これによって貧困層の子弟からの支持を集めていた。しかし、イングリッシュ・ミディアム・パブリック・スクールが普及しているデリーでは、これらの学校が、無認可学校の参考対象となり、ヒンディー語のみならず英語が教授言語として用いられていた。また、スリヴァスタヴァの研究では単独で運営される無認可学校が調査対象とされていたが、私立学校のチェーン展開がみられるデリーでは、複数の私立学校を同時に運営する私立学校グループ傘下の無認可学校も確認された。こうした私立学校グループ傘下の無認可学校は、同一グループ内の認可私立学校が財源の一部を調達するための非公式の手段となっていた。つまり、影の規則枠組みは、公式の規則枠組みを合法的に成立させることができないLFP学校のみならず、正規のかつ合法的な私立学校の存続・発展のためにも用いられていた。

本研究ではこのほかにも、スリヴァスタヴァの研究では明確に示されなかった生徒の評価方法や二重帳簿に関する非公式の規則の実態や、初等教育段階の無認可学校の生徒の認可学校への進学に関する公式の規則枠組み、およびこれを操作する影の規則枠組みについても説明した。

影の規則枠組みという概念は、無認可学校の存続・発展メカニズムを説明する上で有効な概念である。ただし筆者の調査結果が示すように、無認可学校が実際に用いる非公式の規則や手続きには調査地域に普及する学校や当該地域の社会経済状況の影響を受けて生じた違いが認められた。また同じような規則や手続きであっても、それらが用いられる状況が違うため、影の規則枠組みが果たす役割が異なる場合もあった[1]。以上の点は、スリヴァスタヴァの影の規則枠組みの概念をより普遍的な枠組みに発展させる余地がある

終章 「影の制度」の役割・課題・展望 181

ことを示唆している。

(4) デリーの無認可学校に対する認可学校の関与

　第4の課題は、正規の学校である認可私立学校の関与が、無認可学校の実態としての正当性の獲得にどのような効果をもたらしているのかを明らかにすることにあった。デリー高等裁判所が認可条件を満たしていない学校の閉鎖を命じた直後、デリーの無認可学校は、認可私立学校が加盟するデリー私立学校協会と戦略的に提携し、協会を通じてその実態としての正当性と法的正当性を訴えていた。協会にアプローチした無認可学校の経営者は、公的な場では、非正規の学校集団としてではなく、認可私立学校という正規の学校を含む私立学校集団として主張した方が社会的信頼を得やすいと考えていたことが調査の結果明らかとなった。協会の作成した訴状が検討された結果、デリー政府は無認可学校の実態としての正当性を認める発言をし、最高裁はデリー学校教育法規にもとづきこれらの学校の法的正当性を認めるに至った。

　RTE法が施行され無認可学校の存続がふたたび危ぶまれた際、協会は無認可学校の閉鎖を回避するため、デリー連邦首都圏教育局に現行のデリー学校教育法規の認可基準を見直すよう要請し、これに成功した[2]。協会の提案した無認可学校の統制方針は、経済的理由で認可を取得できない一部の無認可学校が、RTE法の枠組みのもと法的正当性と実態としての正当性を同時に達成し、正規の学校として存続する可能性を示す方針であった。認可私立学校が加盟するデリー私立学校協会の対応のあり方から、デリーでは認可私立学校が無認可学校の存続に関わる政策決定において重要な役割を果たしてきたことがわかる[3]。

　認可私立学校は、実践面においても、無認可学校の存続・発展に寄与していた。筆者の調査では、私立学校グループ内の認可私立学校の存在は、グループ傘下のチェーン型無認可学校の信頼や評判を高めるのに役立っていることが明らかにされた。さらに、調査対象校の中には、認可私立学校から修了証明書を非公式に調達することで、卒業生が認可学校に進学できるよう調整している学校もあった。以上の結果から、「正当化された組織」である認

可私立学校は、組織として不確実な無認可学校が、地域からの信頼を得て実態としての正当性を獲得する上で、重要な役割を果たしていることがわかった。

(5) デリーの無認可学校に対する多様な行為主体の見解と関与

第5の課題は、無認可学校を取り巻く各行為主体の無認可学校に対する見解や関与のあり方を明らかにすることにあった。以下では、各行為主体の基本属性に加え、無認可学校に対するそれぞれの見解や関与のあり方を確認する。

①経営者と教員

経営者に関しては、州立学校の元教員や主婦、起業家に加え、現役の州立学校教員や認可私立学校経営者など、公教育制度内に位置する行為主体の関与が認められた。これらの行為主体は、教育を通じた社会貢献活動への意欲や、私立学校グループの維持発展のほか、利潤追求を動機として無認可学校を経営していた。調査対象校は、雇用機会の限られた低所得地域における新たなビジネス・チャンスとして捉えられている側面もあった。調査地域では、教職は女性にとって適職であると認識されており、このことが影響して、調査対象校の教員のほとんどは学校周辺に住む女性であった。彼女たちの多くは教員資格をもっておらず、低賃金で雇用されていた。一方、正規の学校の教員になるためには、教員資格のみならず、コネや賄賂が求められる場合もあった。また認可私立学校では教員資格をもっている教員ですら、給与が適切に支払われず、公式のステートメントと実態との間に乖離があることが珍しくなかった。こうした状況もあって、調査対象校の教員は無認可学校での教育活動に満足しているようであった。

②保護者と生徒

無認可学校の保護者のほとんどは、小売店や小規模工場の経営などのインフォーマルセクターの仕事に従事する貧困層であった。これらの保護者は、

終章　「影の制度」の役割・課題・展望　183

自らの主観的判断にもとづき学校の教員の質や英語教育を評価していた。調査対象校の生徒の多くは、卒業後、MCDの管轄下にある機能不全状態の公立学校の卒業生が進学するのと同じ州立学校に進学していた。しかし、調査対象校の保護者は、初等教育という限られた教育段階だけでも、英語を教授言語とする私立学校で子どもが学んでいるということに意義を感じているようであった。これには、初等教育段階の公立学校の多くがヒンディー語のみを教授言語とし、機能不全状態にあるのに対し、上級段階の公立学校はこれらの学校より一般的に教員の質も生徒の質も高いとされていることが影響していた。以上の点から、保護者は無認可学校を子どもによりよい最終学歴を獲得させるためのステップとみなしているわけではなく、イングリッシュ・ミディアム・パブリック・スクールに子どもが通っているというその経験自体に価値を見出し評価していることがわかった。

③政府・教育行政官

　公的補助を受けずに貧困層の教育ニーズに応える無認可学校は、政府にとって好都合な存在であった。初等教育就学人口の増加にともない教育ニーズが多様化する中、政府は自らの運営する学校も十分に統制できていない状況にあった。そのため、デリー教育当局は、無認可学校の存在を黙認してきた。一方、学校現場では、教育行政官が個人的利益を得るために認可条件を大幅に緩和し、認可条件を満たさない学校を非公式に認可してきた。デリー教育当局は、高等裁判所の判決によって無認可学校の統制責任と調査実施が命じられるまで、公式には無認可学校を統制対象外としてきた。しかし、非公式にはこれらの学校に積極的に関与していたのである。連邦政府によるRTE法の施行によって無認可学校は閉鎖の危機に直面したが、デリー政府は教育の普遍化における無認可学校の重要性を認め、敷地面積に関する認可条件を緩和する措置を取った。以上の政府の無認可学校に対する関与のあり方から、デリー政府もまた無認可学校から恩恵を受けてきたことがわかった。

④認可私立学校

　認可私立学校が無認可学校に関わるのは、これらの学校を支援するためだけではなかった。無認可学校に非公式に修了証明書を提供する認可私立学校は、それによって追加収入を得ていた。またデリー高等裁判所の判決やRTE法の施行によって無認可学校が閉鎖の危機に直面した際、これらの学校を擁護したデリー私立学校協会の中には、無認可学校を同時に運営する私立学校グループ傘下の認可私立学校も多く加盟していた。さらに、調査対象校の中には、認可私立学校の財源の一部を賄うために設置された無認可学校もあった。つまり、無認可学校の存続・発展は、認可私立学校の存続・発展にも影響をおよぼすものであった。以上のことから、認可学校と無認可学校は互いの存続・発展に寄与しており、相互補完関係にあることがわかった。

　デリーの無認可学校に対する多様な行為主体の見解と関与を分析した結果、無認可学校はこれらの行為主体に何らかの利益をもたらし、このことによって実態としての正当性を獲得してきたことがわかった。

　以上、ここまでは、インドの公教育制度と「影の制度」について明らかとなった点について説明してきた。以下では、これまでの論考をふまえ、インドの教育における「影の制度」の役割と課題、展望について論じる。

2.「影の制度」の役割と課題

　インド政府は教育の普遍化を実現するためさまざまな施策を実施し、その結果、就学率は確実に向上してきた。しかし政府が適切に学校を統制してこなかったため、多くの公立学校は機能不全状態に陥り、学習喪失世代を形成してきた。また政府の定める私立学校の認可条件は、富裕層や中間層の子弟を対象とする私立学校を想定したものであった。そのため、政府の統制下にある学校は、公立学校であれ私立学校であれ、貧困層のニーズを満たすことができなかった。授業料の安い無認可学校は、こうした公教育制度の穴を埋めるものとして、貧困層のニーズに応じた教育を自発的におこなってきた。これらの学校は政府の認可もなければ教育の質の実態が不確かな非正規の学

終章　「影の制度」の役割・課題・展望　185

校であった。また財源が乏しく、教育設備や教員資格、教員給与などの認可条件を満たしていなかった。そのため、無認可学校は、公式の規則枠組みに準拠する正規の学校を模倣しつつも、非公式な規則や手続き（影の規則枠組み）を用いてこれらの学校とは異なる教育形態をもつLFP学校として機能してきた。

　デリーの無認可学校は、公教育制度の枠外に位置づく非正規学校であったが、RTE法が制定されるまで、認可学校に通わない子どもを想定するデリー学校教育法規のもと合法的に存続・発展してきた。しかし、無認可学校が用いた非公式の規則や手続きの中には、公式の規則枠組みを公然と無視する非合法的なものもあった。たとえば、認可私立学校から証明書を調達したり、教育行政官から認可を取得したりといったものである。これらの非公式の規則や手続きは、無認可学校内の経営者や教員、保護者や生徒のみならず、認可私立学校や教育行政官などの公教育制度内の行為主体にも恩恵をもたらした。こうして、「影の規則枠組み」を用いる無認可学校は、多様な行為主体からの支持を得て、実態としての正当性を獲得してきたのである。無認可学校が実態としての正当性を獲得し得たもうひとつの理由として、公教育制度内外の行為主体がインドの教育の特徴である公式のステートメントと実態との乖離を理解し、受け入れてきたことがある。その結果、制度矛盾を受け入れないソーシャル・ジュリストを除くすべての行為主体が無認可学校を「道理にかなったもの」として容認してきた。こうして「影の制度」は公教育制度内外の行為主体も包摂する制度として確立されてきたのである。

　最大の問題は、政府の非公式の統制によって生じた制度矛盾を政府以外の学校関係者が受容してきたという点である。これらの学校関係者が制度矛盾に対して声をあげない限り、政府が自らの統制のあり方を正規化する可能性は低いであろう。学校の正規化を目指すRTE法は、全国子どもの権利保護委員会や子どもの権利保護州委員会に、RTE法の実施状況を監視し、RTE法が遵守されていない場合には法廷に訴える役割を与えている。しかし、学校関係者の間で制度矛盾が受容されてきたインドにおいて、こうした措置がどれほど有効であるのかは現時点では明らかではない。公式のステートメン

トと実態との乖離を特徴としてきたインドの教育は、いかなる政策や仕組みが構築されたとしても、それを利用する各行為主体の認識や行為が変わらない限り、大きく変わることはないようにも思われる。

以上の考察結果から、インドの教育における「影の制度」は、機能不全状態にある公立学校や、富裕層や中間層の子弟を前提に設計された私立学校の認可制度の限界を補うものとして、公教育を支えてきたと結論付けることができる。また、「影の制度」は公教育制度と無関係ではなく、むしろ公教育制度の特徴や課題を反映するものとして機能してきたことも明らかとなった。公式の政策や規則と実態との間に乖離がみられるという現象はどこの国でもみられる問題ではある。しかし、インドにおいてはその乖離の程度がきわめて大きく、こうした制度的風土の中、「影の制度」は実態としての正当性を獲得し、公教育制度を支える制度として、その地位を確立してきたのである。

3. インドの教育における「影の制度」の展望

2010年に施行されたインドの初等教育史上初の連邦法であるRTE法は、教育制度の正規化によって子どもの教育権の保障を目指すものである。RTE法によって「影の制度」の中心的存在である無認可学校は法的正当性を喪失し、消滅することとなった[4]。一方、これらの学校を支えてきた非公式の規則や手続き（影の規則枠組み）は、RTE法の施行によってただちに消滅するわけではなかった。影の規則枠組みはそれを用いることで利益を得てきた公教育制度内外の行為主体の意識が変わらない限り、「影の制度」の生き残りとして存続する可能性があった。RTE法の目指す教育制度の正規化に向けて大きな課題となるのは、私立学校の統制主体である教育行政官が、認可条件を満たさない学校を非公式に認可してきたという点である。こうした認可制度にみられるダブル・スタンダードは、正規の学校と非正規の学校の境界を曖昧にし、多くの矛盾を公教育制度内に引き起こしてきた。このように、公式の規則を遵守することで守られる公共益より、影の規則枠組みを用いることで得られる自己利益が優先されれば、インドの教育制度にみられる公式の

ステートメントと実態の乖離はRTE法施行後も改善されず、公教育制度内に認可条件を満たしていない見せかけの認可学校が拡大することになる。このことはつまり、「影の制度」が公教育制度内にスペースを拡大することを意味する。

　重要なのは、公式の政策や規則と実態との乖離を当たり前のものとして受け容れてきたインド社会全体が、学校教育制度の正規化に向けてこうした認識を改めることである。さもなければ、インドの公教育制度は内部矛盾を抱えたまま発展することになろう。永らく見過ごされてきた貧困層の子どもの教育権を保障するため、インドはまさに今、重要な局面を迎えている。公式のステートメントと実態というふたつの次元で解釈がなされてきたインドの教育制度を抜本的に改革し、インドの未来を担う子どもたちが制度矛盾の犠牲とならないよう、矛盾のない制度の構築に向けて行動を起こしていくことが求められる。

4. 教育における「影の制度」研究の展望

　本書では、RTE法施行前から施行直後（2008年～2010年）におこなったデリーの無認可学校に関する調査結果をもとに、インドの教育における「影の制度」について分析してきた。筆者が無認可学校の研究をはじめた頃、LFP学校に関する研究はトゥーリーやスリヴァスタヴァ、ハルマ (Härmä)[5]を除きほとんどみられなかった。これらはまたインドを中心とするものであった。しかし、2010年代に入り、パキスタンやケニア、ナイジェリアなどの南アジアやアフリカ諸国の無認可学校に関する研究が発表されており、無認可学校はインドに限ったものではないことが明らかにされつつある[6]。さらに筆者が調査を開始した当時、無認可学校に関する議論は、その法的正当性をめぐる裁判がおこなわれていたデリーでこそ注目を集めていたものの、多くの州では無認可学校は実態が正確に把握されることのないまま、公教育制度の枠外で存続・発展している状況にあった。しかし、2010年にRTE法が施行されて以降、無認可学校の問題は、全国レベルで議論されるようになった。

以下ではLFP学校をめぐる近年の変化をふまえ、「影の制度」研究の展望について述べる。

2010年にRTE法が施行され、無認可学校は法的正当性を喪失することとなった。RTE法には、私立学校の認可条件が定められたが、細かい規定については各州政府が定めることができた。そのため無認可学校の展望は、各州政府の方針に依存することになったのである。つまり、インドの教育における「影の制度」の展望は、各州の教育制度の正規化の方針によって差が生じることとなった。2013年現在、インドでは厳格な認可条件のもと、すでに多くの無認可学校を閉鎖した州がみられる一方、デリーのように、認可私立学校の協力を得て無認可学校の実態としての正当性を州政府に認めさせ、学校認可条件の見直しが進められている州もみられる。州政府のイニシアチブやデリー私立学校協会のような第三者組織のアプローチなどによって、「影の制度」の中心的存在である無認可学校が、今後どのようなプロセスを経て正規化あるいは消滅の一途を辿るのか、今後の動きに注目が集まる。こうしたプロセスの違いは、各州の公教育制度の構造的特徴にも影響をおよぼすものである。

インドの教育の普遍化は無償教育を提供する公立学校を中心に進められてきた。しかし、財源の限られた政府にとって、正規学校の約10分の1から5分の1の給与でより質の高い教育を提供する無認可LFP学校は、低コストで教育の普遍化を実現するための手段とみなされ、認可条件の緩和が検討される可能性もある。無認可学校が公教育制度内で正規の学校として存続することになれば、教育の普遍化における有償教育の拡大が加速する可能性がある。そうなれば、教育制度の正規化は、公平性の観点からも検証される必要があろう。

インド各州における無認可学校の正規化・消滅プロセスには、どのような違いがみられるのか、そうした違いは何を意味し、どのような理由によって形成されるのか、無認可学校の正規化・消滅によって、影の規則枠組みはどのような変化を強いられるのか、これらの点については今後の経過をみながら分析していきたい。

終章　「影の制度」の役割・課題・展望　189

　本研究では、初等教育段階を中心にみてきたが、インドの無認可学校は、就学前教育から高等教育に至るまですべての段階で確認されている。高等教育段階の無認可学校の運営には、外国の教育機関などのように、初等教育段階の無認可学校にはみられなかった行為主体の関与も確認されている。一方、就学前教育段階では、RTE法のような無認可学校に関する統制枠組みが存在しておらず、これらの学校は無規則状態の中、存続・発展している状況にある。また本研究では非宗教系の無認可学校を分析の中心としたが、インドには宗教系の無認可学校も存在する。インドの教育における「影の制度」はこれらの無認可学校も分析対象に含めることではじめてその全容が解明されよう。本研究で「影の制度」を分析する際に用いた枠組みや、それによって明らかとなった成果が、異なる種別の無認可学校を分析する上でどの程度有効であるのか検証することは、「影の制度」研究の発展にもつながる。

　無認可学校の存在は、インドと同様に教育の普遍化にともなう質の低下の課題に直面するパキスタンやケニア、ナイジェリアなどの国々でも確認されている。これらの国々では、どのような行為主体がどのような見解のもと無認可学校に関与しているのか、またそこではどのような影の規則枠組みが用いられているのか、これらを解明することは、「影の制度」に関する本研究の成果を相対化し、発展させるためにも有益であると考える。たとえば、デリーでは相互補完関係にあった認可私立学校と無認可学校は、ナイジェリアにおいては対立関係にあり、前者が後者の教育の質を批判し、閉鎖を要求する裁判を起こしたという事実が確認されている[7]。このことは、各行為主体の無認可学校に対する見解や関与のあり方が、地域や国によって異なることを示唆している。

　無認可学校は、途上国に限って存在しているわけではない。これらの学校は、教育の制度化が進んでいる先進国においても確認されている。たとえばわが国では、ブラジル人児童に教育を施す無認可学校が存在している[8]。この事実は、無認可学校が、経済発展にともなう教育の制度化によって完全に消滅するわけではないことを示している。「影の規則枠組み」は先進諸国の無認可学校においても用いられているのであろうか、もし用いられていると

すれば、どのような非公式の規則や手続きが用いられているのであろうか。こうした分析もまた、教育における「影の制度」の研究の発展に役立つ。

異なる地域や国の無認可学校の存続や発展、あるいは衰退のあり方を検討することは、これらの地域や国における公教育制度の特徴や課題の理解にもつながる。「影の制度」に関する本研究の成果を相対化し、発展させるためにも、今後は、こうした無認可学校の比較考察をおこなっていきたい。

[注]
1 　中等教育段階では正規学校の生徒は修了時に共通試験を受験する必要がある。スリヴァスタヴァによると、「外部規則」を構成する提携や試験に関する規則や手続きは、こうした公式の規則枠組みを調整するために無認可学校が用いる規則や手続きであった。一方、初等教育段階修了時には、中等教育段階のように共通試験が実施されない。そのため、「修了証明書」さえあれば進学が可能であった。スリヴァスタヴァが説明する「認可私立学校との提携」という非公式の規則は、中等教育段階で用いられる規則として説明された。こうした提携は初等教育を提供するデリーの無認可学校においてもみられたが、その目的は、生徒に公的試験を受験させるためではなく、むしろ試験を回避させるためのものであった。
2 　協会がとった行為は、「政府の介入が組織の経済的に満たされた状態やその確実性に影響を与え始めると、（組織は）政治活動に参加する傾向にある」というプフェファーとサランシックの主張にあてはまるものとなっている。Pfeffer, J. and Salancik, G.R. (1978) *The External Control of Organizations: A Resource Dependence Perspective*. New York: Harper and Row, p. 222.
3 　デリー高等裁判所では認可私立学校の支援がなければ、無認可学校の法的正当性が承認されることはなかったといえる。
4 　ただし、A校の経営者が「認可基準を満たすことができなければ、学校ではなくコーチング・スクールとして運営する」と述べるように、無認可学校は何らかの形で制度の抜け道を見つけ出し、存続・発展する可能性はある。実際、スリヴァスタヴァが調査対象としたLFP無認可学校の中には、認可を取得していない上級学年をコーチング・スクールとして運営していた学校も認められている。
5 　Härmä, J. (2009) Can Choice Promote Education for All? Evidence from Growth in Private Primary Schooling in India, *Compare*, 39, no. 2, pp. 151-165.
6 　Srivastava, P. (ed) *Low-fee Private Schooling: Aggravating Equity or Mediating Disadvantage?* Oxford: Symposium Books. Rose, P. and Adelabu, M. (2007) Private Sector Contributions to Education for All in Nigeria, in P. Srivastava and G. Walford (eds) *Private Schooling in Less Economically Developed Countries: Asian and African Perspectives*. Oxford: Symposium Books, pp. 67-87.
　途上国におけるLFP学校については、Heyneman, S.P., Stern, J.M.B. and Smith, T.M.

(2011) *The Search for Effective EFA Policies: The Role of Private Schools for Low-income Children.* Washington D.C.: The Mitchell Group Inc. にも詳しい。
7 　ローズ（Rose）は、ナイジェリアの認可私立学校協会の目的は、生徒獲得競争において無認可学校よりも優位に立つことにあったと指摘している。ナイジェリアでは、裁判を契機に無認可学校協会が発足している。Rose, P. and Adelabu, M. (2007) *op. cit.,* pp. 67-87.
8 　日経新聞、「無認可外国人学校の支援法案＝自治体、国の補助を可能に＝与党議連、今国会提出目指す」(2009年5月8日) http://www.nikkeyshimbun.com.br/090508-72colonia.html（最終アクセス日：2013年11月1日）

引用文献

牛尾直行 (2012)「インドにおける『無償義務教育に関する子どもの権利法 (RTE2009)』と社会的弱者層の教育機会」『広島大学現代インド研究——空間と社会』第2号、pp. 63-74。

押川文子 (1998)「『学校』と階層形成」『現代インドの展望』岩波書店、pp. 125-148。

小原優貴 (2003)「インド・ラジャスタン州における初等教育プログラム——Lok Jumbish を事例として」『アジア教育研究報告』京都大学大学院教育学研究科比較教育学研究室、第4号、pp. 15-34。

小原優貴 (2004)「インドの教育」田中圭治郎編『比較教育学の基礎』ナカニシヤ出版、pp. 210-230。

小原優貴 (2007)「インドにおけるダリット女性のエンパワーメント——農村地域のインフォーマル教育を事例に」『アジア教育研究報告』京都大学大学院教育学研究科比較教育学研究室、第8号、pp. 24-35。

小原優貴 (2009a)「インドの初等教育における無認可学校の役割と機能——貧困層ビジネスとしての私立学校に着目して——」『京都大学大学院教育学研究科紀要』第55号、pp. 131-144。

小原優貴 (2009b)「インドにおける貧困層対象の私立学校の台頭とその存続メカニズムに関する研究——デリー・シャードラ地区の無認可学校を事例として——」『比較教育学研究』第39号、pp. 131-150。

小原優貴 (2010)「インドの教育制度における『影の制度』の位置づけの検討——無認可学校の統制をめぐるデリー高等裁判所での訴訟の分析——」『教育制度学研究』第17号、pp. 161-174。

小原優貴 (2014)「インドにおける非正規学校の動向」『アジア教育研究報告』第13号、pp. 33-45。

杉本均 (2005)「インドにおけるマージナル・グループへの才能教育」京都大学大学院教育学研究科比教育学研究室『児童・生徒の潜在的能力開発プログラムとカリキュラム分化に関する国際比較研究』pp. 250-273。

杉本均・小原優貴 (2007)「産業化インドにおける教育制度と教育選抜」『京都大学大学院教育学研究科紀要』第53号、pp. 13-31。

弘中和彦 (1976)「植民政策における教育の重視と民族教育運動の興隆 (1901-1921)」

世界教育史研究会編『世界教育史体系6——東南アジア教育史』講談社、pp. 245-264。

宮野良一 (1982)「インド教育行政の形成と展開－オリッサ州を中心にして－(1)」芦屋大学『芦屋大学論叢』No.10、pp. 109-173。

De, A., Khera, R., Samson, M. and Shivakumar, A.K. (eds) (2011) *Probe Revisited: A Report on Elementary Education in India.* New Delhi: Oxford University Press.

De, A., Noronha, C. and Samson, M. (2005a) The New Private Schools, in R. Banerji and S. Surianara (eds) *City Children, City Schools.* New Delhi: Pratham Resource Centre (in collaboration with UNESCO), pp. 95-113.

De, A., Noronha, C. and Samson, M. (2005b) *On the Brink of Adulthood.* New Delhi: Collaborative Research and Dissemination (CORD), India.
http://cordindia.com/images/adolescent_report.doc.

Deephouse, D.L. and Suchman, M. (2008) Legitimacy in Organizational Institutionalism, in R. Greenwood, C. Oliver, K. Sahlin and R. Suddaby (eds) *The Sage Handbook of Organizational Institutionalism.* London: Sage, pp. 49-77.

Desai, D.M. (1953) *Universal, Compulsory and Free Primary Education in India.* Bombay: Indian Institute of Education.

Galaskiewicz, J. (1985) Interorganizational Relations, *Annual Review of Sociology,* 11, pp. 281-304.

Government of India (GoI) (2010) *The Gazette of India: Extraordinary, National Council for Teacher Education Notification* (23 August 2010) F. No. 61-03/20/201/ NCTE/ (N&S). National Informatics Centre (NIC) India.
http://www.ncte-india.org/Norms/RTE-3.pdf

GoI, Ministry of Human Resource Development (2010) *Model Rules under the Right of Children to Free and Compulsory Education Act, 2009.* NIC, India.
http://mhrd.gov.in/sites/upload_files/mhrd/files/RTI_Model_Rules.pdf

GoI, Ministry of Human Resource Development, Department of Higher Education (2008) *Educational Statistics at a Glance, 2005-06.*
http://mhrd.gov.in/sites/upload_files/mhrd/files/NLES%20-%20At%20a%20 Glance.pdf

GoI, Ministry of Law and Justice, Legislative Department (2009) *The Right of Children to Free and Compulsory Education Act, 2009.* NIC, India.
http://mhrd.gov.in/sites/upload_files/mhrd/files/rte.pdf

Government of National Capital Territory (NCT) of Delhi, Department of Education (DoE) (1977) *The Delhi School Education Act,* 1973 and the Delhi School Education Rules, 1973. Delhi: Akalank.

Government of NCT of Delhi, DoE (2006) *CBSE 2006, Analysis of Class XII Result.*
http://www.edudel.nic.in/Result_Analysis/Class_XII_2006.pdf

Government of NCT of Delhi, DoE (2008) *Status of Education and Major Achievements in Delhi: A Quick Report.* New Delhi: Government of NCT of Delhi, DoE.
http://edudel.nic.in/a_quick_report_2008.htm
Government of NCT of Delhi, DoE (2011a) *Admission under EWS Quota.* Notification, No. 15 (172) / DE/Act/ 2010/ 69.
http://edudel.nic.in/mis/misadmin/DoeNewPublicCircular.htm
Government of NCT of Delhi, DoE (2011b) *The Delhi Right of Children to Free and Compulsory Education Rules,* 2011.
http://righttoeducation.in/sites/default/files/Delhi%20rte%20rules%202011.pdf
Government of NCT of Delhi, DoE (n.d.) *Vision of Directorate of Education.*
http://www.edudel.nic.in/welcome_folder/aboutdep.htm
Government of NCT of Delhi, Planning Department (2010) *Annual Plan Write Up 2010-2011, 9 General Education,* pp. 79-130.
http://delhi.gov.in/wps/wcm/connect/06585f80425a2cfcb534bdb0d5f7ce2c/9General+Education+%5B79-130%5D.pdf?MOD=AJPERES&lmod=-371495244&CACHEID=06585f80425a2cfcb534bdb0d5f7ce2c
Härmä, J. (2009) Can Choice Promote Education for All? Evidence from Growth in Private Praimary Schooling in India, *Compare*, 39, no. 2, pp. 151-165.
Harriss-White, B. (2003) *India Working, Essays on Society and Economy.* Cambridge: Cambridge University Press.
Heyneman, S.P., Stern, J.M.B. and Smith, T.M. (2011) *The Search for Effective EFA Policies: The Role of Private Schools for Low-income Children.* Washington D.C.: The Mitchell Group Inc.
Juneja, N. (2003) *Constitutional Amendment to Make Education a Fundamental Right, Issues for a Follow-up Legislation.* New Delhi: National Institution of Education Planning and Administration (NIEPA).
Juneja, N. (2012) India's Historic 'Right to Free and Compulsory Education for Children Act 2009'–The Articulation of A New Vision Right to Education in India, *Center for Integrated Area Studies Discussion Paper Series,* 24, pp. 5-15.
Kingdon, G. and Teal, F. (2002) *Does Performance Related Pay for Teachers Improve Student Perform-ance? Some Evidence from India.* Massachusetts: Williams College.
http://web.williams.edu/Economics/neudc/papers/performancepay18oct02.pdf
Kingdon, G.G. (1996) Private Schooling in India: Size, Nature, and Equity-effects, *Economic and Political Weekly,* 31, no. 51, pp. 3306-3314.
Kumar, N. (2000) *Lessons from Schools.* New Delhi: Sage.
Mehnotora, S., Panchamukhi, P.R., Srivastava, Ranjana and Srivastava, Ravi (eds) (2005) *Universalizing Elementary Education in India: Uncaging the 'Tiger' Economy.* New

Delhi: Oxford University Press.

Mehta, A.C. (2005) *Elementary Education in Unrecognised Schools in India.* New Delhi: National University of Educational Planning and Administration, NUEPA.
http://www.dise.in/Downloads/Reports&Studies/UnRecPunjab05.pdf

Mehta, A.C. (2008) *Elementary Education in India: Progress Towards UEE: Analytical Tables 2006-07.* New Delhi: NUEPA.
http://dise.in/Downloads/Publications/Publication%202006-07/AR0607/Analytical%20Tables%202006-07.pdf

Mehta, A.C. (2011a) *Elementary Education in India: Progress Towards UEE: Analytical Report 2008- 09.* New Delhi: NUEPA.
http://www.dise.in/Downloads/Publications/Publications%202008-09/AR%202008-09/Introduction.pdf

Mehta, A.C. (2011b) *Elementary Education in India: Progress Towards UEE: Analytical Tables 2007- 08.* New Delhi: NUEPA.
http://www.dise.in/Downloads/Publications/Publications%202007-08/AR0708/Analytical%20Tables%202007-08.pdf

Mehta, A.C. (2012) *Elementary Education in India: Progress Towards UEE: Analytical Tables 2009- 10.* New Delhi: NUEPA.
http://www.dise.in/Downloads/Publications/Publications%202009-10/AR%202009-10/Analytical%20Report%202009-10.pdf

Meyer, J.W. and Rowan, B. (1977) Institutionalized Organizations: Formal Structure as Myth and Ceremony, *The American Journal of Sociology,* 83, no.2, pp. 240-363.

Naik, J.P. (1975) *Policy and Performance in Indian Education.* New Delhi: K.G. Saiyidain Memorial Trust.

National Commision for Protection of Child Rights (2010) *Infocus,* 3, no. 2 (August 2010 Issue).
http://www.ncpcr.gov.in/Infocus/Infocus_Aug_2010.pdf

National Council of Educational Research and Training (NCERT) (2005) *Compedium of Educational Statistics (School Education).* New Delhi: NCERT.

NCERT (2007a) *Seventh All India School Education Survey (AISES), Pre-primary Education and Alternative Schooling.* New Delhi: NCERT.
http://www.ncert.nic.in/programmes/education_survey/pdfs/pre-primary_education.pdf

NCERT (2007b) *Seventh AISES, Teachers and Their Qualifications.* New Delhi: NCERT.
http://www.ncert.nic.in/programmes/education_survey/pdfs/Teachers_and_Their_Qualifications.pdf

NCERT (2008) *Seventh AISES, National Tables on Schools, Physical and Ancillary Facilities.* New Delhi: NCERT.

http://www.ncert.nic.in/programmes/education_survey/pdfs/Schools_Physical_Ancillary_Facilities.pdf

National Institute of Education Planning and Administration (NIEPA) (1988) *Development of Education: 1986-1988, National Report of India.* New Delhi: NIEPA.

NIEPA (2000) *Educational Administration in Delhi, Structures, Processes and Future Prospects.* New Delhi: Vikas Publishing House Private Ltd.

National Sample Survey Office, National Statistical Organisation, Ministry of Statistics and Programme Implementation, GoI (2010) *Education in India: 2007-08 Participation and Expenditure. NSS 64th Round (July 2007-June 2008)*
http://www.educationforallinindia.com/participation_and_expenditure_nsso_education.pdf

National Sample Survey Organization, NSSO, Department of Statistics, GoI (1998) *Attending an Educational Institution in India: Its Level, Nature and Cost. NSS 52nd Round (July 1995- June 1996)*
http://mospi.nic.in/rept%20_%20pubn/439_final.pdf

National University of Educational Planning and Administration (NUEPA) (2011a) *Education in India under Government Managements 2009-10 (Selected Tables based on DISE Data.* New Delhi: NUEPA.
http://www.dise.in/Downloads/Publications/Publications%202009-10/Elementary%20Education%20under%20Government%20Managements%202009-10.pdf

NUEPA (2011b) *Elementary Education in India Progress towards UEE, Flash Statistics 2009-10.* New Delhi: NUEPA.
http://www.dise.in/Downloads/Publications/Publications%202009-10/Flash%20Statistics%202009-10.pdf

Ohara, Y. (2012) Examining the Legitimacy of Unrecognised Low-fee Private Schools in India: Comparing Different Perspectives, *Compare,* 42, no.1, pp. 69-90.

Ohara, Y. (2013) The Regulation of Unrecognised Low-fee Private Schools in Delhi and the Right to Education Act, in P. Srivastava (ed) *Low-fee Private Schooling: Aggravating Equity or Mediating Disadvantage?* Oxford: Symposium Books, pp. 153-177.

Oliver, A.L. (2001) Strategic Alliances and the Learning Life-cycle of Biotechnology Firms, *Organization Studies,* 22, pp. 467-489.

Pfeffer, J. and Salancik, G.R. (1978) *The External Control of Organizations: A Resource Dependence Perspective.* New York: Harper and Row.

Pratham (2012) *Annual Status of Education Report (Rural) 2011.*
http://pratham.org/images/Aser-2011-report.pdf

Probe Team (1999) *Public Report on Basic Education in India.* New Delhi: Oxford University Press.

Puri, V.K. (2010) *Revised Compilation of Sixth Pay Commission Acceptance Orders for Central Govt. Employees.* New Delhi: JBA.

Rangaraju, B., Tooley, J. and Dixon, P. (2012) *The Private School Revolution in Bihar, Findings from a survey in Patna Urban.* New Delhi: India Institute.

Rose, P. and Adelabu, M. (2007) Private Sector Contributions to Education for All in Nigeria, in P. Srivastava and G. Walford (eds) *Private Schooling in Less Economically Developed Countries: Asian and African Perspectives.* Oxford: Symposium Books, pp. 67-87.

Shahidullah, K. (1987) *Patshalas into Schools, The Development of Indigenous Elementary Education in Bengal 1854-1905.* Calcutta: Firma KLM Private Limited.

Shah, P. (2012) *Gujarat Innovates a New Trail in Right to Education* (2012年4月13日) http://schoolchoice.in/blog/?p=5521

Sharma, R. and Ramachandran, V. (eds) (2008) *The Elementary Education System in India: Exploring Institutional Structures, Processes and Dynamics.* New Delhi: Routledge.

Srivasava, P. (2007) For Philanthropy or Profit? The Management and Operation of Low-fee Private Schools in India, in P. Srivasava and G. Walford (eds) *Private Schooling in Less Economically Developed Countries: Asian and African Perspectives.* Oxford: Symposium Books, pp. 153-186.

Srivastava, P. (2008a) School Choice in India: Disadvantaged Groups and Low-fee Private Schools, in M. Forsey, S. Davies and G. Walford (eds) *The Globalisation of School Choice?* Oxford: Symposium Books, pp. 185-208.

Srivastava, P. (2008b) The Shadow Institutional Framework: Towards a New Institutional Understanding of an Emerging Private School Sector in India, *Research Papers in Education,* 23, pp. 451-475.

Srivastava, P. (ed) (2013) *Low-fee Private Schooling: Aggravating Equity or Mediating Disadvantage?* Oxford: Symposium Books. Oxford: Symposium Books.

Srivastava, P. and Walford, G. (2007) (eds) *Private Schooling in Less Economically Developed Countries: Asian and African Perspectives.* Oxford: Symposium Books.

Suchman, M.C. (1995) Managing Legitimacy: Strategic and Institutional Approaches, *Academy of Management Review,* 20, pp. 571-610.

Tooley, J. (2004) *Could the Globalisation for Education Benefit the Poor?* Occasional Paper 3. Berlin: Liberals Institute of the Friedrich Naumann Foundation. http://www.freiheit.org/files/152/OP3.pdf

Tooley, J. and Dixon, P. (2003) *Private Schools for the Poor: A Case Study from India.* Reading: CfBT.

https://www.cfbt.com/PDF/91001.pdf
Tooley, J. and Dixon, P. (2005a) An Inspector Calls: the Regulation of 'Budget' Private Schools in Hyderabad, Andhra Pradesh, India, *International Journal of Educational Development,* 25, pp. 269-285.
Tooley, J. and Dixon, P. (2005b) *Private Schools Serving the Poor.* Working Paper: A Study from Delhi, India. New Delhi: Centre for Civil Society.
　　　http://schoolchoice.in/research/viewpoint8.pdf
Tooley, J. and Dixon, P. (2006) '*De facto*' Privatisation of Education and the Poor: Implications of a Study from Sub-Saharan Africa and India, *Compare,* 36, no. 4, pp. 443-62.
Tooley, J., Dixon, P. and Gomathi, S.V. (2007) Private Schools and the Millennium Development Goal of Universal Primary Education: A Census and Comparative Survey in Hyderabad, India, *Oxford Review of Education,* 33, no. 5, pp. 539-560.

＜その他資料＞

公共益に関する訴訟（2006年、第43号）に関する議事録：デリー高等裁判所の最終判決結果（2008年、2月8日）、特別許可請願書（民事）（2008年、第21952号）、デリー教育局等の政府機関が高等裁判所に提出した宣誓供述書と行動報告書、無認可学校のリストを含む。

デリー私立学校協会がデリー連邦首都圏教育局に認可条件の緩和を求めて提出した嘆願書（2010年6月11日、2010年7月12日）。

Government of NCT of Delhi, DoE (n.d.) *The Delhi Primary Education Act, 1960.*

＜新聞記事＞

ニッケイ新聞、「無認可外国人学校の支援法案＝自治体、国の補助を可能に＝与党議連、国会提出目指す」（2009年5月8日）
　　　http://www.nikkeyshimbun.com.br/090508-72colonia.html
India Edunews.net (2011) *NCPCR Seeks Redressal Mechanism for RTE Law*（2011年4月1日）
　　　http://www.indiaedunews.net/Today/NCPCR_seeks_redressal_mechanism_for_RTE_law_13787/
Jagran Post (2011) *Delhi Government Forms Committee to Overhaul Education System*（2011年5月1日）
　　　http://post.jagran.com/delhi-government-forms-committee-to-overhaul-education-system-1304237182
Kaur, J. (2013) *Delhi Goes Easy on RTE Land Norms for Schools*（2013年3月29日）
　　　http://www.governancenow.com/news/regular-story/delhi-goes-easy-rte-land-norms-schools

The Times of India (2010) *Sibal for Easing Norms to Let Small Schools Stay* (2010年2月21日)
　　　http://articles.timesofindia.indiatimes.com/2010-02-21/india/28125850_1_delhi-school-education-act-small-schools-kapil-sibal

The Times of India (2012) *Government to Close down 350 Unrecognised Schools in Hyderabad*（2012年6月2日）
　　　http://articles.timesofindia.indiatimes.com/2012-06-02/news/31983414_1_rte-guidelines-schools-unrecognised

＜ウェブサイト＞
県教育情報システムホームページ（報告書一覧）
　　　http://schoolreportcards.in/SRC-New/Links/DISEPublication.aspx
ケンドゥリヤ学校ホームページ
　　　http://www.kvsangathan.nic.in/
国立教育研究訓練協議会ホームページ
　　　http://www.ncert.nic.in/index.html
市民社会センターホームページ
　　　http://ccs.in/
ジャワハル・ナヴォダヤ学校ホームページ
　　　http://www.jnvjalna.org/
人的資源開発省ホームページ
　　　http://mhrd.gov.in/
中央中等教育委員会ホームページ
　　　http://cbse.nic.in/faq/private_candidate.htm
デリー連邦首都圏教育局ホームページ
　　　http://www.edudel.nic.in/
デリー連邦首都圏計画局ホームページ（年次計画一覧）
　　　http://delhi.gov.in/wps/wcm/connect/doit_planning/Planning/Plan+Documents/
Social Juristホームページ
　　　http://www.socialjurist.com/
（URLはすべて2013年11月1日にアクセス）

あとがき

　本書は研究を通じて出会った多くの方々から学んだ成果の集大成である。まず最初に、京都大学大学院教育学研究科でご指導・ご支援いただいた先生方にお礼を申し上げたい。杉本均先生には私が途上国の教育に関心を持ちはじめた修士課程在籍時（2002年）から、本書の完成に至るまで、本当に多くをご指導いただいた。先生は私にとって師であり、また研究人生における父のような存在である。諸外国での研究経験が豊富な先生は、国際比較の観点から素材の「面白さ」を見極めるいくつもの視点をお持ちであった。そのため、先生の「面白い」という一言は重みがあった。そんな師の背中を今後も追い続けていきたいと思う。

　また南部広孝先生は、ダイナミックな視点をもちながら細部にまで目の行き届く「研究者の鏡」である。先生の的確なアドバイスは、複雑怪奇なインドを研究対象に選んだ私にとって大変心強かった。インドとよく比較される中国の教育を研究されている先生からご指導いただく中で、インド（のデリー）を相対的に捉える視点を多く学ばせていただいた。

　修士課程在籍中には、江原武一先生のゼミで、発表や議論のあり方について学んだ。あの時のあのゼミで感じた緊張感や刺激がなければ、ここまで研究を続けることはなかったのではないかと思う。先生には心より感謝の言葉を申し上げたい。また高見茂先生には、博士学位請求論文の審査委員をお引き受けいただき、教育行政の観点から貴重なアドバイスを多くいただいた。先生の情に溢れる関西弁の激励は関西人の私の心にいつも響いた。旧姓を研究名として用いているのは、先生に姓名診断をしていただいてその方が吉と出るとうかがったからである。

京都大学大学院教育学研究科の研究室の方々には色々とお世話になった。本来であればお一人お一人のお名前をあげたいところであるが、とくに年齢が近くよくお世話になった先輩である石川裕之さん、藤本夕衣さんに感謝申し上げたい。お二人には、論文の書き方にはじまり、申請書の作成方法や研究会企画など何かにつけてアドバイスをいただいた。諸外国の教育について研究する先輩や同期、後輩たちと自由に議論できる研究室は本当に居心地がよく、ここで培った探求心と得た仲間は一生の財産であると思っている。

　また日本学術振興会特別研究員（PD）として研究科に所属されておられた日下部達哉さん、鴨川明子さん、植村広美さんには折に触れてアドバイスをいただいた。精力的にフィールドワークに取り組む比較教育学会の先輩方に、研究室の枠を超えて接する機会に恵まれたことは幸運であった。

　京都大学地域研究統合情報センターの押川文子先生、そして、押川先生を中心に一緒に南アジアの教育研究会を企画・運営してきた南出和余さん、針塚瑞樹さんへの感謝は言葉では言い尽くせない。この研究会では、南アジアの学校や子どもを取り巻く教育状況を南アジア社会の文脈に照らして解釈する視座を多く学んだ。とりわけ制度を地域から捉える視点を学んだことは、今後の研究の取り組み方にも大きく影響することと思う。南アジアの教育について学際的に議論する機会を得られたことは、インドの教育研究を続ける上で大きな糧となると確信している。

　現在所属している早稲田大学大学院アジア太平洋研究科の黒田一雄先生からは、国際的な教育開発の議論の中で無認可学校を捉える視点や、英語論文の執筆にあたってアドバイスをいただいた。南アジアの研究者や教育行政官も参加するユネスコプロジェクトでは、インド調査のみならずブータン調査に参加する機会もいただいた。この場を借りて感謝を申し上げたい。ブータン調査では広島大学の櫻井里穂先生に同行させていただき、独自の開発目標を掲げる南アジアの小国の教育状況を垣間見ることができた。早稲田大学では川口純さんにもお世話になった。マラウィをはじめアフリカの教育状況について色々と教えていただき、途上国の教育に対する視野が広がった。厚くお礼を申し上げたい。

インドの教育研究者の先輩方である弘中和彦先生、上田学先生、渋谷英章先生、赤井ひさ子先生、牛尾直行先生、佐々木宏先生のご研究からは多くを学ばせていただいた。また紙幅の都合上、お一人お一人のお名前をあげることができないが、博士論文の執筆過程で貴重なご意見をくださった日本比較教育学会、日本南アジア学会、第三世界の教育研究会の先生方にもお礼を申し上げたい。

インドでは国立教育計画経営大学（NUEPA）にリサーチ・インターン（2008～2009年）として所属させてもらった。受入研究員を引き受けて下さったジャンディヤラ・ティラク（Jandhyala Tilak）先生には、調査に関するアドバイスをいただくほか、調査成果をNUEPAで発表する機会をいただいた。NUEPAの先生方や学生からの質問やコメントは、調査結果の解釈の妥当性などを確認する上で大いに役立った。またNUEPAのナリニ・ジュネジャ（Nalini Juneja）先生は、子どもの教育権やRTE法をご専門とされていたこともあり、無認可学校の研究に関心を持っていただき、大変親切にしていただいた。

現地調査においても多くの方々の協力を得た。ソーシャル・ジュリストの代表であり弁護士でもあるアショック・アガルワル（Ashok Aggarwal）氏（無認可学校反対派）、デリー私立学校協会（無認可学校賛成派）の弁護人を務めたプラモド・グプタ（Pramod Gupta）氏からは無認可学校の裁判に関する資料等を提供してもらった。黒スーツに身を包み、コーヒーを片手に議論するインド人弁護士たちを横目に、無認可学校に対する相反する見解を明らかにしようと、裁判所内を駆け回ったのが懐かしい。デリー教育局北東地区副長アール・エヌ・シャルマ（R. N. Sharma）氏には、公立学校訪問のみならず、教育行政官の視察に同行する許可もいただいた。またデリー私立学校協会会長、アール・ケー・シャルマ（R.K. Sharma）氏からは、聞き取り調査のたびにホームメードの甘いお菓子をご馳走になった。

無認可学校の経営者、教員、保護者と生徒たちにも感謝を述べたい。筆者が無認可学校の調査をしていることを伝えると、困惑した顔をみせたインフォーマントは少なくなかった。デリー高等裁判所が閉鎖を命じた直後でもあり、調査を拒否されることもあった。最初のうちは「なぜ日本人がインド

の教育を？しかもなぜ無認可の学校を？この結果をどうするのか？」という質問に対して説明をし、インフォーマントと関係を構築すること、そして環境に慣れることに時間を要した。必死の思いが伝わったのか、多くの関係者は多忙の中、時間を作り、調査に協力してくれた。デリー学校教育法規に反して無認可学校を運営していた公立学校の教員は、「無認可学校はたくさんあるのになぜうちを選んだのだ？」と多少迷惑そうな顔をしながらも、最後まで調査に協力してくれた。2011年の震災の際も、心配してインドの友人に安否確認の連絡をしてくれていた。インドにいると何が善で何が悪なのかは判断が難しい。

　保護者たちは、「途上国の貧困層」について曖昧なイメージしかもっていなかった私に、彼らの置かれた生活状況や教育観、日々直面する困難を教えてくれた。調査中、停電になり、ロウソクの灯をたよりにインタビュー内容を記録することもあった。保護者に聞き取り調査をしていると、興味を持った地域住民たちが集まってきて、地域の学校に対する見解や自らの教育観を話し出すという機会に恵まれることもあった。本書はこうした低所得地域に住む人々の協力なしには実現しなかった。またヒンディー語での調査に協力してくれた元・デリー大学大学院生のヴァーシャ・アナンド (Varsha Anand) 氏にもお礼を述べたい。

　LFP学校の支援活動をおこなっていたリサーチ・ベースド・NGO、市民社会センター (Centre for Civil Society) の創設者であるパース・シャー (Parth Shah) 氏にもお世話になった。市民社会センターの開催した国際ワークショップでは、LFP学校の第一人者であるトゥーリー (Tooley) 先生やスリヴァスタヴァ (Srivastava) 先生を含む国内外の研究者のほか、アンドラ・プラデーシュ州でLFP学校の質保証メカニズムの構築に取り組むアメリカのNGOや、デリー私立学校協会にアプローチした無認可学校経営者などが参加していた。調査テーマに関するアカデミックかつ実践的な議論の場に、調査中に参加する機会に恵まれたことは本当に幸運であった。スリヴァスタヴァ先生とはその後、アメリカやイギリスの比較教育学会でもお会いし、アジア・アフリカ地域のLFP学校に関する共著執筆の機会をいただくに至った (Srivastava, 2013

参照)。ここには、パキスタンやケニア、ナイジェリアなどの南アジアやアフリカ諸国の無認可学校の実態が明らかにされている。関心のある読者は是非手にとっていただきたい。LFP学校の世界的動向を捉えようとするスリヴァスタヴァ先生の意欲的な研究姿勢からは実に多くの刺激をいただいた。

また元・市民社会センタースタッフのバラデーヴァン・ランガラジュ(Baladevan Rangaraju)氏にも感謝したい。ランガラジュ氏は市民社会センターから独立して、インド協会(India Institute)というNGOを設立し、トゥーリー先生とともにビハール州パトナでLFP学校の大規模調査を実施している。ランガラジュ氏はLFP学校の最新動向について議論できるよき話し相手である。彼の地道かつ精力的な活動に心から敬意を表したい。

本書に関する研究を遂行する上で、科学研究補助金をはじめとする各方面からのご支援をいただいた。ここでは研究代表者としていただいたもののうち、無認可学校の調査をおこなう上で支えとなったものをあげる。

- 平成20年～21年日本学術振興会特別研究員奨励費「インドの中等教育における生徒の進路形成の過程と構造－階層とジェンダーの観点から」
- 平成21年研究者海外派遣基金助成金(優秀若手研究者海外派遣事業(特別研究員))
- 平成23年～25年日本学術振興会特別研究員奨励費「インドの教育制度における『影の制度』に関する研究―無認可学校の機能と役割の検討」

本書は、平成25年度京都大学総長裁量経費(若手研究者出版助成制度)の助成を受けて刊行された。また本書は、筆者が京都大学大学院教育学研究科に提出した博士学位請求論文「インドの初中等教育における『影の制度』―デリーの無認可学校の正当性の研究」(2012年9月提出、2013年1月学位授与)をもとに、加筆・修正をおこなった上で刊行したものである。本書にはこれまで発表した以下の論文の成果が取り入れられている。各章の内容と関連するおもな既発表論文は次のとおりである。

序章　書き下ろし
第1章　書き下ろし
第2章　「インドの教育における『影の制度』―デリーの無認可学校の機能要件と法的位置づけの検討―」『南アジア研究』第22号、2010年、pp. 75-81。
　　　　「インドの教育制度における『影の制度』の位置づけの検討―無認可学校の統制をめぐるデリー高等裁判所での訴訟の分析―」『教育制度学研究』第17号、2010年、pp. 161-174。
第3章　「インドにおける貧困層対象の私立学校の台頭とその存続メカニズムに関する研究―デリー・シャードラ地区の無認可学校を事例として―」『比較教育学研究』第39号、2009年、pp. 131-150。
第4章　Examining the Legitimacy of Unrecognised Low-fee Private Schools in India: Comparing Different Perspectives, *Compare*, 42, no. 1, 2012, pp. 69-90.
第5章　The Regulation of Unrecognised Low-fee Private Schools in Delhi and the Right to Education Act, in Srivastava, P. (ed) *Low-fee Private Schooling: Aggravating Equity or Mediating Disadvantage?* Oxford: Symposium Books, 2013, pp. 153-178.
終章　書き下ろし

　本書の刊行にあたっては、株式会社東信堂の下田勝司社長に多大なるご助力とアドバイスをいただいた。こうして筆者の論考を書籍としてまとめることができたのは、ひとえに下田社長をはじめとする東信堂の皆様のご支援の賜物である。
　最後に、インドから帰国してからは毎日のように「論文、論文、論文」と繰り返す私に愛想を尽かしつつも影で見守ってくれた両親・祖母・妹と夫に感謝したい。インドで私を家族のように受け入れてくれたシャルマ(Sharma)家のみなさんにも感謝したい。シャルマ氏とは2001年にJICAの青年研修受入事業(当時の青年招聘プログラム)を通じて出会ったのがご縁で、以降、デリー

滞在中はシャルマ家に大変お世話になった。

　ここにあげた方々のお力添えなしには、本書は今ある形には完成しなかった。ここに改めてお礼申し上げたい。

　2014年3月

小原優貴

事項索引

あ行

RTE 法　　5, 6, 27, 29, 42, 47-49, 61, 160-165, 167-171, 181, 185-189
アンドラ・プラデーシュ　　5, 15, 20, 47, 167, 168, 171, 204
イギリス植民地　　42, 43
イングリッシュ・ミディアム・パブリック・スクール　　4, 68, 107, 109, 114, 120, 135, 149, 151, 152, 179, 180, 183
インセンティブ政策　　27, 44, 52, 53, 54, 55, 61, 62, 63, 64, 72, 177
インド学校修了試験協議会　　30
インフォーマルセクター　　46, 182
ウッタル・プラデーシュ　　11, 19, 20, 22, 134, 179, 180
英語　　4, 31, 67-69, 71, 73, 105, 107-109, 114, 120, 126, 133, 135, 139-146, 149, 151, 166, 178-180, 183, 202
NCERT　　4, 5, 7, 8, 17, 18, 24, 27, 30, 34, 36, 55-57, 106
NGO　　8, 19, 23, 24, 28, 33, 46, 73, 81, 82, 204, 205
MCD 学校　　65, 66, 68, 71, 73, 118, 133, 137, 142-144, 147-149, 152
LFP 学校　　i, 4, 5, 9, 11-16, 18-22, 59, 67, 68, 71-73, 96, 98, 107, 109, 114, 117, 119, 133, 134, 138, 141, 142, 148, 165-167, 177, 179, 180, 185, 187, 188, 204, 205
オープン・スクール　　33
オペレーション・ブラックボード政策　　45
オリエンタル・スクール　　7
オルタナティブ学校　　8

か行

カースト　　32, 53, 102, 113, 132, 134
ガイドライン策定委員会　　88, 89
外部規則　　12, 13, 98
学習喪失世代　　i, 4, 163, 170, 177, 184
学習第一世代　　45, 46, 68, 73, 177
学習到達度　　27, 30, 46, 47, 67, 68, 70, 71, 86
影の規則枠組み　　6, 11, 12, 14-18, 21-23, 28, 96, 98, 99, 106, 107, 119-121, 132, 152, 169, 172, 176, 179, 180, 185, 186, 188, 189
影の制度　　i, ii, ix, x, 6, 11, 16, 18, 19, 21, 27, 29, 73, 90, 92, 99, 104, 121, 131, 132, 144, 152, 159, 170, 172, 175, 176, 184-190, 205, 206
学校選択　　ix, 28, 107, 122, 131, 132, 134, 138, 139, 141-144, 148, 151
家庭教師　　102, 103, 109, 114, 128, 137, 138
完全認可学校　　103, 133
完全無認可学校　　9, 119, 133, 135, 136
聞き取り調査　　19, 26-28, 63, 69, 81, 85, 89, 90, 97-100, 105, 110, 112, 116, 133, 134, 137-139, 143-147, 150, 164, 203, 204
起業家　　11, 100, 101, 120, 182
季節労働者の子ども　　32
義務教育　　ii, 5, 22, 27, 29, 42-44, 47-49, 52, 60, 61, 72, 90, 152, 160-163, 170, 171, 176-178
給食政策　　54
給与委員会　　111, 162
教育研究訓練州協議会　　30
教育ショップ　　83, 87
教育の普遍化　　ii, vii, 3-6, 8, 17, 21, 27, 41, 42, 44, 45, 47, 49, 51, 52, 54, 55, 57, 60-62, 64, 72, 86, 170, 176, 177, 183, 184, 188, 189

教育評価システム	166, 167, 171	コーチング・スクール	6, 7, 8, 14, 102, 103
教育保証政策と代替的革新的教育プログラム	33	5ヶ年計画	62, 63
行政官	15, 27, 84, 89, 92, 114, 116, 121, 152, 169, 172, 179, 183, 185, 186, 202, 203	国立教育研究訓練協議会	4, 55, 106
		国立教育計画経営大学	4, 57, 64, 203
		個人候補者	13, 14, 117
共通試験	6, 13, 14, 30, 67, 68, 71, 115, 166	子どもの権利保護州委員会	48, 170, 185
		コミットメント	86, 87

さ行

共同管轄	29, 47
グジャラート	29, 153, 160, 163, 167, 168, 171
ケア	ii, 187, 189, 205
県教育情報システム	4, 5, 57, 59, 64, 65, 67
県初等教育プログラム	45
ケンドゥリヤ学校	31
憲法第3部基本権	43, 47, 160
憲法第4部指導原則	43, 44, 47, 72, 160, 176
高額私立学校	9, 18-20, 59, 67
後期初等学校	31, 57, 58, 66, 67
後期初等〜中等一貫校	
公教育制度	i, ii, vii, 4-6, 16, 17, 19, 21, 24, 27, 41, 42, 49, 55-57, 60, 64, 68, 70-73, 99, 120, 121, 132, 144, 151, 161, 169, 171, 172, 176, 178, 182, 184-188, 190
公共益に関する訴訟	25, 28, 81, 82, 90
公式のステートメントと実態との乖離	70, 148, 151, 170, 172, 185
公式の規則枠組み	11-16, 22, 26, 98, 121, 179, 180, 185, 190
後進州	5, 20, 45, 96, 134, 180
公立学校	i, v, 3, 4, 6, 8, 13, 17, 20, 21, 31, 33, 45-48, 54, 61-66, 68, 70, 72, 86, 87, 90, 100, 103, 104, 106, 112, 114, 116, 118, 122, 133, 140, 143-147, 152, 163, 169, 171, 177, 178, 183, 184, 186, 188, 203, 204
公立学校の機能不全	21

最高裁判所	25, 27, 47, 81, 85, 86, 88-91, 120, 178
最終学歴	64, 183
サルヴァ・シクシャ・アビヤーン	45
サルヴォダヤ学校	67-71, 133, 136, 137
サンスクリット・パートシャーラ	7
市営委員会	30
ジェンダー	63, 205
識字率	64
自己統制	166, 167, 171
視察	4, 46, 169, 177, 203
実態としての正当性	21-24, 26-28, 88, 115, 152, 160, 165, 176, 179-182, 184-186, 188
質保証	90, 204
質問紙調査	26, 28, 97, 98, 105, 108, 110, 111, 137, 138, 140, 142, 144, 147
指定カースト	32
指定校入学	116, 117
指定地区委員会	31
指定部族	32
児童労働	60
シャードラ	26, 28, 92, 96, 97, 119, 133, 135, 206
社会貢献（志向）	101, 103, 120, 133, 135, 182
社会における経済的弱者層	20, 137
ジャワハル・ナヴォダヤ学校	31
就学義務	43, 44, 61
就学前教育	6, 7, 8, 99, 189

就学率　　　　　3, 45, 47, 64, 72, 177, 184
宗教系無認可学校　　　　　　　　　36
州公用語　　　　　　　　　　　　　31
10-2 制　　　　　　　　　　　　　30
州立学校　　　30, 31, 59, 62, 65-73,
　　　101, 102, 115, 116, 118, 120, 135-137,
　　　148, 149, 152, 178, 179, 182, 183
修了証明書 13, 14, 83, 114, 116-118, 121,
　　　133, 136, 148, 179, 181, 184
初中等一貫校　　9, 31, 57, 58, 59, 66, 67,
　　　　　　　　　　　　　　107, 133
私立学校グループ　　10, 11, 23, 25, 101,
　　　103, 107, 108, 115, 120, 133, 135, 137,
　　　143, 166, 171, 180-182, 184
新国家教育政策（1986 年）　　　　45
スラム地区　　　　　　　　15, 20, 86
正規化　　ii, ix, 5, 27, 29, 88, 90, 111, 153,
　　　159-161, 163-165, 167-172, 185-188
正規（の）学校　　i, 5-11, 14, 23, 32, 33,
　　　90, 96, 104, 106, 108, 114, 115, 118,
　　　120, 121, 179, 181, 182, 184-186, 188
政治的コネクション　　　　　　　119
正当化された組織　　23, 85, 91, 166, 181
生徒福祉基金　　　　　　　　　62, 63
政府系学校　　4, 30, 31, 52-57, 62, 65,
　　　　　　　　　　　　　　　68-70
前期初等学校 9, 31, 45, 57-59, 62, 66, 67,
　　　　　　　　　　　　　　　　116
全国学校教育調査　　　4, 7, 27, 55, 57
全国子どもの権利保護委員会　　48, 170,
　　　　　　　　　　　　　　　　185
相互補完　　　　　　　　　　184, 189
組織維持・発展（志向）　　　　　135
組織としての不確実性　15, 101, 120, 179
ソーシャル・ジュリスト　Social Jurist
　　　24-28, 73, 81-83, 86-92, 115, 122, 151,
　　　　　　　　　　　　163, 185, 203

た行

第 86 次憲法改正法　　　　　　　　47

単独型無認可学校　　　　　　　10, 23
チェーン型無認可学校　　10, 11, 181
ジャワハル・ナヴォダヤ学校　　　31
中央教育諸問委員会　　　　　　44, 61
中央中等教育委員会　　　　30, 31, 70
中額私立学校　　　　　　18, 59, 67, 71
中間層　　i, 4, 11, 18, 56, 59, 60, 66-73,
　　　86, 102-105, 107, 109, 117, 120, 121,
　　　141, 142, 151, 164, 167, 177-179, 184,
　　　　　　　　　　　　　　　　186
中等教育州委員会　　　　　　　　30
低カースト　　　　　　　　　53, 102
低額私立学校　　i, 4, 59, 86, 96, 134, 165,
　　　　　　　　　　　　　　　　177
提携　　　　　12-14, 85, 91, 117, 164, 181
低所得地域　　4, 26, 69, 86, 96, 110, 128,
　　　　　　　152, 163, 168, 182, 204
出稼ぎ労働者　　　　　　　　133, 134
デリー　　　viii, 8, 9, 11, 15, 17, 19, 20,
　　　22-30, 42-44, 53, 60-73, 81-92, 96, 97,
　　　99-103, 107-109, 111, 112, 114-122,
　　　133-137, 139, 144, 146, 148, 150, 152,
　　　153, 160-166, 168-171, 178-185, 187-
　　　　　　　　　　　189, 201, 203-206
デリー学校教育法規　　11, 22, 26, 60-
　　　62, 83, 84, 86-88, 91, 96, 102, 103, 114,
　　　116, 119, 120, 161, 162, 164, 165, 178,
　　　　　　　　　　　179, 181, 185, 204
デリー学校教育法規検討委員会　61, 165
デリー高等裁判所　　25, 28, 65, 73, 81-87,
　　　89-92, 97, 100, 101, 163, 164, 169, 178,
　　　　　　　　　　　181, 184, 203, 206
デリー初等教育法 (1960)　　　　43, 60
デリー私立学校協会　　19, 23-26, 28, 29,
　　　81, 85, 87-91, 122, 153, 160, 163-166,
　　　　　168, 171, 178, 181, 184, 188, 203, 204
デリー都市自治体　27, 61, 83, 88, 89, 116,
　　　　　　　　　　　　　　　　136
デリー兵営委員会　　　　　　　　61
デリー無償義務教育に関する子どもの権

利規則 22, 29, 61, 160-163, 170, 171
デリー(連邦首都圏)教育局 20, 25, 27-29, 62, 66-70, 81-84, 88, 89, 91, 108, 115, 116, 135, 137, 160, 165, 168, 171, 181, 203
特別許可訴状 25, 85, 86, 88
ドロップ・アウト

な行

ナイジェリア ii, 187, 189, 205
内部規則 12, 13, 98
ナショナル・オープン・ユニバーシティー 33
ナショナル・カリキュラムの枠組み 30
二重帳簿 121, 179, 180
二部制 102
ニューデリー市議会 61
認可学校 i-iii, v, vi, viii, 4-14, 16-29, 34, 36, 42, 44, 49, 60, 61, 65, 67, 68, 73, 81-92, 95-122, 127-129, 131-136, 138, 141-153, 155, 159-172, 176, 178-190, 202-206
認可私立学校 11-14, 17, 19, 23-26, 28, 29, 81, 85, 86, 91, 96, 99-101, 110, 112-114, 117, 118, 120, 121, 133, 136, 137, 143, 148, 152, 158, 160, 165, 166, 171, 179, 180-182, 184, 185, 188, 189
ノンフォーマル教育 8, 33, 45
ノンフォーマル教育政策 45

は行

パキスタン ii, 187, 189, 205
はたらく子ども 32
パテル 42
バラモン 113
バローダ藩 42
万人のための教育 41, 45, 62
非公式の規則や手続き 12, 15, 22, 28, 96, 121, 132, 179, 180, 185, 186, 190
非サルヴォダヤ学校 67-71, 133, 136, 137

非指定校入学 116, 117
非宗教系無認可学校 36
非正規(の)学校 i, 8, 96, 179, 181, 184-186
1人教員学校 3, 45, 177
ビハール 5, 30, 205
被補助私立学校 16-19, 53-57, 59, 61-65, 68, 71, 72, 103, 107, 108, 115, 120, 133, 135, 137
貧困層 i, 3, 4, 6, 8, 9, 11, 18-21, 26, 31, 43, 46, 59, 67-73, 86, 88, 90, 96, 101, 102, 104, 107, 108, 111, 120, 121, 138, 142, 144, 149, 152, 164, 165, 167-170, 177, 179, 180, 182-184, 187, 204, 206
ヒンディー語 31, 45, 67, 69, 105, 107-109, 126, 133-135, 141, 143, 144, 147, 149, 180, 183, 204
ヒンディー・ミディアム 107
複式学級 3, 45, 142
副収入 114, 117
部分無認可学校 9, 10, 14, 99, 100, 102, 103, 119, 133, 135
富裕層 i, 4, 18, 56, 59, 60, 66-68, 70-73, 86, 104, 105, 107, 109, 120, 121, 141, 142, 151, 164, 167, 177-179, 184, 186
プラティバ・ヴィカス学校 68-71, 115
法的正当性 viii, 21-24, 27, 28, 73, 81, 83-86, 88-91, 96, 97, 100, 152, 160-162, 164, 165, 168, 170, 176, 178, 181, 186-188

ま行

マクタブ 7, 36
マドラサ 7, 36
見せかけの認可学校 169, 187
無資格教員 110, 113, 118, 136, 142, 143, 168
無償義務教育に関する子どもの権利法 ii, 5, 42, 90, 152, 160, 178
無償教育 27, 42, 44, 52, 53, 61, 188

ムスリム　102
無認可LFP学校　9, 11, 13, 15, 18, 19, 68, 73, 98, 119, 188
無認可学校の組織的構造　viii, 6, 92, 95, 104, 121, 132
無認可学校の存続・発展　i, 96, 109, 122, 132, 150, 151, 176, 180, 181, 184
無認可学校リスト　26, 96, 97
無認可地区　86
無補助私立学校　16-19, 25, 53, 55-57, 59, 60, 62, 65-72, 103, 115, 149, 177

や行

ヤムナー川　96

有資格教員　87, 108, 110, 146, 147, 163, 168
有償教育　72, 177, 188

ら行

利潤追求（志向）　120, 133, 135, 182
例外規定　44, 60, 72, 177
レント・シーキング　15
連邦政府　ii, 5, 24, 29, 30, 31, 43, 47-49, 60, 68, 111, 153, 160-164, 183
連邦直轄地　24, 29, 30

わ行

賄賂　15, 114, 119, 121, 169, 182

人名索引

クマール　Kumar　3
ゴーカレ　42
シャルマとラマチャンドラン　Sharma and Ramachandran　3, 203, 206
スリヴァスタヴァ　Srivastava　11-15, 20, 22, 23, 25, 28, 96, 98, 119, 120, 179, 180, 187, 204, 205
デ　De　15
ディープハウスとサッチマン　Deephouse and Suchman　23

トゥーリーとディクソン　Tooley and Dixon　5, 15, 20, 29, 86, 153, 160, 163, 166-168, 171
ハルマ　Härmä　187
プフェッファーとサランシック　Pfeffer and Salancik　22, 23
プローブ・チーム　Probe Team　46, 54
メロートラ　Mehrotra　4, 6, 7
ラジーヴ・ガンディー　45
ランガラジュ　Rangaraju　5, 205

原語表記一覧

一般候補者（Regular Candidate）
インセンティブ政策（Incentive Scheme）
インド学校修了試験協議会（Council for the Indian School Certificate Examinations, CISCE）
外部規則（External Institutions）
影の規則枠組み（Shadow Institutional Framework）
基本権（Fundamental Rights）
給食政策（Mid-day Meal Scheme）
給与委員会（Pay Commission）
教育研究訓練州協議会（State Council of Educational Research Training, SCERT）
教育保証政策と代替的革新的教育プログラム（Education Guarantee Scheme and Alternative Innovative Education, EGS and AIE）
協会登録法（Societies Registration Act, 1960）
県教育情報システム（District Information System for Education, DISE）
県議会（Zilla Parishad）
県初等教育プログラム（District Primary Education Program, DPEP）
ケンドゥリヤ学校（Kendriya Vidyalaya Sangathan, KVS）
公共益に関する訴訟（Public Interest Litigation, PIL）
公式の規則枠組み（Formal Institutional Framework）
国立教育計画経営大学（National University of Educational Planning and Administration, NUEPA）
国立教育研究訓練協議会（National Council of Educational Research and Training, NCERT）
個人候補者（Private Candidate）
国家教育政策（National Policy on Education）
子どもの権利保護州委員会（State Commission for Protection of Child Rights, SCPCR）
サルヴァ・シクシャ・アビヤーン（Sarva Shiksha Abhiyan, SSA）
サルヴォダヤ学校（Sarvodaya Vidyalaya）
サンスクリット・パートシャーラ（Sanskrit Pathshala）
市営委員会（Municipal Committee）
指定カースト（Scheduled Caste, SC）
指定校入学（Plan Admission）
指定地区委員会（Notified Area Committees）
指定部族（Scheduled Tribes, ST）

指導原則（Directive Principal）
市民社会センター（Centre for Civil Society, CCS）
シャードラ（Shahdara）
社会における経済的弱者層（Economically Weaker Section of the Society, EWS）
ジャワハル・ナヴォダヤ学校（Jawahar Navodaya Vidyalaya, JNV）
州教育局（Directorate of Education）
修了証明書（Transfer Certificate）
人的資源開発省（Ministry of Human Resource Development, MHRD）
全国学校教育調査（All India School Education Survey, AISES）
全国教員教育協会（National Council for Teacher Education、NCTE）
全国子どもの権利保護委員会（National Commission for Protection of Child Rights, NCPCR）
全国標本調査機構（National Sample Survey Organization, NSSO）
村議会委員会（Panchayat Samitis）
第86次憲法改正法（Constitution (Eighty-sixth Amendment) Act, 2002）
中央学校（Central Schools）
中央教育諮問委員会（Central Advisory Board of Education, CABE）
中央中等教育委員会（Central Board of Secondary Education, CBSE）
中等教育州委員会（State Board of Secondary Education, SBSE）
低額私立学校（Low-fee Private[LFP] Schools）
デリー学校教育法規（Delhi School Education Act and Rules, 1973）
デリー学校教育法規検討委員会（Review Committee on the Delhi School Education Act and Rules 1973）
デリー初等教育法（Delhi Primary Education Act, 1960）
デリー私立学校協会（Co-ordination Committee of Public Schools in Delhi）
デリー都市自治体（Municipal Corporation of Delhi, MCD）
デリー万人のための教育委員会（Delhi Sarva Shiksha Abhiyan Samiti）
デリー兵営委員会（Delhi Cantonment Board, DCB）
デリー無償義務教育に関する子どもの権利規則（The Delhi Right of Children to Free and Compulsory Education Rules, 2011）
デリー連邦首都圏教育局（National Capital of Territory, Delhi [NCTD], Directorate of Education[DoE]）
特別許可訴状（Special Leave Petition , SLP）
都市自治体（Municipal Corporation）
内部規則（Common Internal Institutions）
ナヴユグ・スクール（Navyug Schools）
ナショナル・カリキュラムの枠組み（National Curriculum Framework）
ニューデリー市議会（New Delhi Municipal Council, NDMC）

認可学校（Recognised Schools）
認可私立学校（Recognised Public Schools）
万人のための教育（Education for All, EFA）
非サルヴォダヤ学校（Non-Sarvodaya Schools）
非指定校入学（Non-plan Admission）
被補助私立学校（Aided Private Schools）
兵営委員会（Cantonment Boards）
プラティバ・ヴィカス学校（Pratihbha Vikas Vidyalayas, PVV）
ボンベイ立法参事会（Bombay Legislative Council）
マクタブ（Maktabs）
マドラサ（Madrasas）
無償義務教育に関する子どもの権利法（The Right of Children to Free and Compulsory Education Act[RTE], (2009)）
無認可学校（Unrecognised Schools）
無補助私立学校（Unaided Public Schools）
ラジーヴ・ガンディー（Rajiv Gandhi）
連邦直轄地（Union Territories）

著者紹介

小原優貴（おはら　ゆうき）

1978年生まれ。関西学院大学総合政策学部卒業。京都大学大学院教育学研究科博士後期課程研究指導認定退学。博士（教育学）。比較教育学専攻。アクセンチュア（株）（2002〜2004年）、インド国立教育計画経営大学・リサーチ・インターン（2008〜2009年）を経て、現在、日本学術振興会特別研究員（PD）（早稲田大学大学院アジア太平洋研究科）。

主な著書・論文

『トランスナショナル高等教育の国際比較』（共著、東信堂、2014）、『ノンフォーマル教育の可能性—リアルな生活に根ざす教育へ』（共著、新評論、2013年）、*Low-fee Private Schooling: Aggravating Equity or Mediating Disadvantage?*（共著、Symposium Books、2013年）、『激動するアジアの大学改革—グローバル人材を育成するために』（共著、上智大学出版会、2012年）、Examining the Legitimacy of Unrecognised Low-fee Private Schools in India: Comparing Different Perspectives（*Compare*, 42, no. 1, 2012年）、「インドの教育制度における『影の制度』の位置づけの検討—無認可学校の統制をめぐるデリー高等裁判所での訴訟の分析—」（『教育制度学研究』第17号、2010年）、「インドにおける貧困層対象の私立学校の台頭とその存続メカニズムに関する研究—デリー・シャードラ地区の無認可学校を事例として—」（『比較教育学研究』第39号、2009年）、『現代アジアの教育計画（上）』（共著、学文社、2006年）、『比較教育学の基礎』（共著、ナカニシヤ出版、2002年）。

Study on Unrecognised Schools in India: 'Shadow Institution' Supporting Public Education

インドの無認可学校研究——公教育を支える「影の制度」——

2014年3月31日　初　版第1刷発行　〔検印省略〕
定価はカバーに表示してあります。

著者Ⓒ小原優貴　発行者　下田勝司　　印刷・製本／中央精版印刷株式会社

東京都文京区向丘 1-20-6　郵便振替 00110-6-37828
〒113-0023　TEL (03) 3818-5521　FAX (03) 3818-5514
Published by TOSHINDO PUBLISHING CO., LTD.
1-20-6, Mukougaoka, Bunkyo-ku, Tokyo, 113-0023, Japan
E-mail : tk203444@fsinet.or.jp　http://www.toshindo-pub.com

発行所　株式会社　東信堂

ISBN978-4-7989-1223-3 C3037　Ⓒ Ohara Yuki

東信堂

比較教育学事典	日本比較教育学会編	一二〇〇〇円
比較教育学の地平を拓く	森山肖子・馬越稔子編著	四六〇〇円
比較教育学――越境のレッスン	馬越徹	三六〇〇円
比較教育学――伝統・挑戦・新しいパラダイムを求めて	M・ブレイ編 馬越徹・大塚豊監訳	三八〇〇円
国際教育開発の再検討――途上国の基礎教育普及に向けて	北村友人編訳	二四〇〇円
中国教育の文化的基盤	大塚豊監訳	二九〇〇円
中国大学入試研究――変貌する国家の人材選抜	大塚豊	三六〇〇円
中国高等教育独学試験制度の展開	南部広孝	三二〇〇円
中国の職業教育拡大政策――背景・実現過程・帰結	劉文君	五〇四八円
中国の後期中等教育の拡大と経済発展パターン――江蘇省と広東省の比較	呉琦来	三八二七円
中国高等教育の拡大と教育機会の変容――教育の視点からみたその軌跡と課題	王傑	三九〇〇円
現代中国初中等教育の多様化と教育改革	楠山研	三六〇〇円
ドイツ統一・EU統合とグローバリズム	木戸裕	六四〇〇円
教育における国家原理と市場原理――チリ現代教育史に関する研究	斉藤泰雄	三八〇〇円
中央アジアの教育とグローバリズム	川野辺敏編著	二〇〇〇円
インドの無認可学校研究――公教育を支える「影の制度」	小原優貴	三二〇〇円
バングラデシュ農村の初等教育制度受容	日下部達哉	三六〇〇円
オーストラリアのグローバル教育の理論と実践	木村裕	三六〇〇円
開発教育研究の継承と新たな展開	本柳とみ子	三六〇〇円
オーストラリアの教員養成とグローバリズム――多様性と公平性の保証に向けて	青木麻衣子編著 佐藤博志	三八〇〇円
[新版]オーストラリア・ニュージーランドの教育――グローバル社会を生き抜く力の育成に向けて	青木麻衣子・佐藤博志編著	三八〇〇円
オーストラリアの言語教育政策――多文化主義における「多様性」と「統一性」の揺らぎと共存	青木麻衣子	三八〇〇円
オーストラリア学校経営改革の研究――自律的学校経営とアカウンタビリティ	佐藤博志	三八〇〇円
戦後オーストラリアの高等教育改革研究	杉本和弘	五八〇〇円
マレーシア青年期女性の進路形成	鴨川明子	四七〇〇円
「郷土」としての台湾――郷土教育の展開にみるアイデンティティの変容	林初梅	四六〇〇円
戦後台湾教育とナショナル・アイデンティティ	山﨑直也	四〇〇〇円

〒113-0023　東京都文京区向丘1-20-6
TEL 03-3818-5521　FAX 03-3818-5514　振替 00110-6-37828
Email tk203444@fsinet.or.jp　URL http://www.toshindo-pub.com/

※定価：表示価格（本体）＋税